Auto do Banimento

Editora Appris Ltda.
1.ª Edição - Copyright© 2024 da autora
Direitos de Edição Reservados à Editora Appris Ltda.

Nenhuma parte desta obra poderá ser utilizada indevidamente, sem estar de acordo com a Lei nº 9.610/98. Se incorreções forem encontradas, serão de exclusiva responsabilidade de seus organizadores. Foi realizado o Depósito Legal na Fundação Biblioteca Nacional, de acordo com as Leis nos 10.994, de 14/12/2004, e 12.192, de 14/01/2010.

Catalogação na Fonte
Elaborado por: Dayanne Leal Souza
Bibliotecária CRB 9/2162

M332a 2024	Maria, Letícia Auto do banimento / Letícia Maria. – 1. ed. – Curitiba: Appris, 2024. 143 p. : il. ; 21 cm.	
	ISBN 978-65-250-6737-7	
	1. Banimento. 2. Rancor. 3. Niilismo. I. Maria, Letícia. II. Título.	
		CDD – 800

FICHA TÉCNICA

EDITORIAL	Augusto V. de A. Coelho
	Sara C. de Andrade Coelho
COMITÊ EDITORIAL	Marli Caetano
	Andréa Barbosa Gouveia (UFPR)
	Edmeire C. Pereira (UFPR)
	Iraneide da Silva (UFC)
	Jacques de Lima Ferreira (UP)
SUPERVISORA EDITORIAL	Renata C. Lopes
PRODUÇÃO EDITORIAL	Bruna Holmen
REVISÃO	Andrea Bassoto Gatto
DIAGRAMAÇÃO	Amélia Lopes
CAPA	Eneo Lage
REVISÃO DE PROVA	Sabrina Costa

Appris editora

Editora e Livraria Appris Ltda.
Av. Manoel Ribas, 2265 – Mercês
Curitiba/PR – CEP: 80810-002
Tel. (41) 3156 - 4731
www.editoraappris.com.br

Printed in Brazil
Impresso no Brasil

Letícia Maria

Auto do Banimento

Curitiba, PR
2024

AGRADECIMENTOS

Aos homens com quem dormi,
Fiódor Dostoiévski
Franz Kafka
Albert Camus.

À série animada,
South Park.

Ao meu grande amigo,
Cixto Bandeira Filho.

E, principalmente,
aos pulhas da academia e da medicina
que provocaram esse vômito!

*Mas só retiro a máscara do rosto
quando acabar a farsa de mau gosto.*

(Heinrich Heine)

*Três peças e uma única intenção,
Três peças e nenhuma concessão.
Feito de lógicas amorais
Baseado com fatos reais.*

APRESENTAÇÃO

Seria um ensaio. Não foi um ensaio. Nas linhas do primeiro parágrafo, entre "destartes" e "não obstantes", por um atalho fora das linhas, vi uma cena, e na cena vi um ato e de atos fez-se a peça. Mas não é uma peça. É um texto dissertativo, poucas metáforas, nada velado, tudo muito explícito, num dito objetivo; nada conclusivo, só certames cansativos. Devia ser um ensaio. Mas não há autores citados nem um arcabouço de argumentos bem-estruturado, só retalhos mal cortados e juntados sem estilo, mas com algum sentido.

Ganhou forma de peça, mas nela não há suspense nem uma trama envolvente. De enredo maçante, sem nenhum atrativo, somente sentimento apreendido, um rancor bem resolvido, muito desprezo e ironia. Não é uma peça. É só um diálogo ácido, opaco, sem nenhuma utopia. Não prende fôlegos, não produz catarses, só o dessabor da ruptura, um embate teso e os olhares de arrelia. Não encontrarão graça, tampouco emoção, apenas uma realidade fossilizada e seu antagonismo banido, que poucos entenderão. Talvez não seja uma peça, só a realidade amplificada pelo estetoscópio da ironia. Se fosse uma peça seria encenável. Não me parece, contudo, uma peça que se encene nos palcos. Caso fosse uma peça encenável, seria peça encenada nas instituições, nos gabinetes de ofícios, nos consultórios sem cortesia, na vida arrebatada, no dia a dia.

Foi, porém, nesse palco discreto, de cenário empobrecido, montado de improviso e sem aviso, que se fez a revolta do absurdo ferino. No cenário de sombra, sem luz que reanime, a máscara é vestida e toda ira é permitida. Quisera ser só um ensaio, mas quando olhei de fora, o corriqueiro foi deslocado e os doutores tornaram-se autores numa peça por anos ensaiada. A palavra fez-se carne. Num rebuliço sem atino, com desmensurada ousadia, foi de auto chamada, justificado num sentido figurativo. Para dizer o que o ensaio pretendia foram criados personagens; para fender, como o ensaio não podia, usadas roupagens.

Se não é isso ou outra coisa, se não é uma dualidade, se desprovida de qualquer complementariedade, o que dizer do que foi feito? Não sei o que fiz, porém sei a que fiz, sem pretensões e com más intenções. Não devo prosseguir sobre os argumentos que não tenho. O observador pode determinar o que será? Quiçá. Eu, agora, abstenho-me, com todo respeito, sem nenhum direito.

PREFÁCIO

O *Auto do Banimento*, da professora doutora, colega, amiga, escritora e apaixonada pela literatura, Letícia Maria, me fez retornar a um texto que comecei a escrever em 2018, e que nunca foi publicando. Dessa forma, por ser um prefácio, trago o texto de forma reduzida, mas com a força necessária para dialogar com o que propõe o "ensaio", por vezes "peça", "dramaturgia" ou mesmo, um "diálogo ácido", repleto de críticas. Mas ao contrário do que diz a autora, o "Auto do banimento" é um texto-ensaio que prende fôlegos, produz catarses, sabores e rupturas.

A proposição inicial, que fiz para a autora, quando do momento do convite para escrever o prefácio, foi a de que o prefácio se constituísse num outro texto, independente, mas que estivesse dialogando com as ideias do "ensaio" da autora, e não, uma apresentação da autora e suas ideias subsequentes. Seria um diálogo, Junto-Com as ideias e provocações do "Auto do banimento", mas, sem referenciá-lo, sem ter que dizê-lo, para reforçá-lo novamente com outras palavras possíveis e previsíveis de serem ditas. Pensei: como são textos escritos em tempos e espaços diferentes, acabam se justificando por eles mesmos. Eles fazem parte de uma densa rede de saberes em movimento, escritos em linguagem distintas e diversificadas, de interações, composições e complementaridades, que se manifestam um para o outro, impelidos e atraídos por forças. Dessa forma, o texto independente, ficou restrito a algumas poucas páginas, que aqui tentarei articulá-las, na busca de um diálogo com o "Auto do banimento", sem que, ao final, viesse a me auto banir.

Percebo que o "Auto" é um renascer da "vontade de potência" de Nietzsche – que pode se dar pelo aspecto físico, intelectual e espiritual –, como um desejo do ser em ser o que se é de potência. Cada indivíduo vibrando no seu desejo de potência. Portanto, nesse aspecto, trazendo os anarquistas comunistas para pensar Junto-Com, digo que a vontade de si, não se dá pela negação da potência de si. A potência não está fora do sujeito, como uma espécie de modelo a ser seguido ou alcançado, ao contrário, ela se potencializa com e a partir do sujeito, nas interações que o atravessam. É uma autoformação que vai se compondo através da articulação com outros coletivos educativos e formativos. Poderia dizer que o princípio do pensamento libertário da educação, constituído pelos comunistas-socialistas científicos e anarquistas, são compostos em diálogos, sejam eles pela crítica ou autorreflexão.

Com esse diálogo, expresso o grande fosso entre o conceito da meritocracia pela perspectiva do "modelo" da educação capitalista (presentes na maior parte das escolas e universidades) e pela perspectiva da "vontade de potência" comunista e anarquista. Os(as) educadores(as) pautados pelo sistema capitalista conservador da educação, necessitam do mérito como modelo para gerar competência produtiva, desempenho, avaliação. Estabelece, na organização do trabalho, na educação e na vida social, a competição como parâmetro. A meritocracia implantada pelos capitalistas, significa estabelecer metas ambiciosas, ou parâmetros, para os funcionários, estudantes, entre outros; direcionar, cobrar, mensurar resultados e recompensar ou negar a realização desses. O mérito, nesse caso, vira modelo padrão a ser alcançado e conquistado. O que podemos observar, a partir desse processo de "vampirização" do conceito de meritocracia pelos capitalistas, ao longo do século XX, o sujeito passa a se distanciar das referências tradicionais de classe, de raça, etnia, das relações constituídas culturalmente e, até mesmo da família, para assumir um lugar de agente, acreditando ser ele, o único responsável pelo seu fracasso e/ou sucesso. Assim, sem se dar conta, estará fazendo parte de um contexto de dominação ideológica e, consequentemente, do sequestro da subjetividade. É uma nova forma de exploração e de estresse organizacional, como nos fala

Alexandre Hochmann Béhar (2019). Já os socialistas utópicos, os socialistas científicos e os anarquistas criam condições adequadas para o desenvolvimento de uma nova mentalidade, uma nova forma de existência, condizente com uma nova organização social, de ideário não hierarquizante, e não institucionalizado e normatizado.

 A institucionalização e normatização exacerbadas, retiram e/ou capturam do sujeito, a sua subjetividade humana e, com isso, a sua "vontade de potência". Para se criar outra sociedade, necessário se faz compor uma outra forma de organização social, que seja condizente com esta outra forma de existência humana. E, para tal proposição, a educação, como também, os múltiplos processos formativos (para além da educação formal), apresentam-se como estratégias centrais, para se consolidar esta outra forma de organização social (Galo, 2012).

 Para o pensamento "anarco-comunista", faz-se necessário consolidar um sujeito conhecedor de sua realidade e contexto, produtor de ideias, de estratégias para um processo mais amplo de transformação social. Um sujeito livre. Livre não só no sentido de ter escolhas para consumir, mas para construir sabedorias; ter consciência de si e de mundo; ter consciência que é um sujeito singular, mas faz parte de contextos coletivos complexos e diversos. É a condição de pensar e construir uma nação forte em inteligência técnica e tecnológica, mas também e, principalmente, em inteligência filosófica, pedagógica, política, social, cultural, artística, ambiental, emocional. De possibilitar que uma nação compreenda e vivencie a ciência, a história, não para negá-las, mas, para incorporá-las, acoplá-las aos chacras do conhecimento e acontecimentos, com a intensão de reconstruí-las, transformá-las. O pensamento e a atitude anarco-comunista têm como perspectiva a consolidação de um espaço acadêmico, onde as pessoas possam expor suas ideias e diferenças, questionar as crenças e verdades, sacudir as evidências a aquilo que é familiar, a aquilo que estamos acostumados a ver e ser, que nem percebemos que é o obvio e que, em algum momento, precisa ser problematizado.

Portanto, para se instituir uma sociedade que caiba formar homens e mulheres "livres" e "verdadeiros", necessário se faz transformar as mentalidades dos indivíduos que compõe essa sociedade, tendo como proposição uma "Vontade consciente de si", objetivada pela emergência de uma "autonomia criativa do indivíduo singular", pensada e vivenciada individualmente e em coletividade. Então, como criar uma sociedade sem exploração, opressão, racismo, ódio, negacionismo, fundamentalismo, se estas formas de vida estão arraigadas nas mentalidades e existência dos indivíduos sociais? Em diálogo com Max Stirner (2001), ele nos faz pensar sobre o que fizeram de nós na idade em que ainda éramos maleáveis?

Embalados por esse pensamento "anarco-comunista" de transformação social, pelos sujeitos envolvidos com os múltiplos processos formativos e com a educação, os grupos que não detinham o poder e o capital, começaram a problematizar o "bem-estar" da elite nacional e dos poderes federativos, exigindo direitos e deveres, colocando pautas para serem discutidas, implementando leis, construindo outras formas de saberes e conhecimentos acadêmicos, opinando, questionando, incomodando, fazendo parte dos espaços, antes ocupados só pela elite. O "comunismo" e o "anarquismo" pensam o sujeito, na sua singularidade e integralidade, reconhecendo-o na sua diversidade, pluralidade, complexidade e diferença. Portanto, consiste na máxima de Stirner, que é a do sujeito chegar a ser ele mesmo, reconhecendo o que lhe é próprio, onde possa nutrir o espírito, transmutando saber em vontade. É a partir desse centro de gravidade, desse reconhecimento de si e desse entendimento que o conhecimento consiste em favorecer as metamorfoses do ser, que o sujeito pode vincular-se livremente com e na sociedade (Ferrer, 2001). Esse é o "comunismo", o "anarquismo" que acredito, e que vejo presente em muitas mentes e nas atitudes das pessoas que conheço e convivo, como é o caso de Leticia Maria e o seu "Auto do banimento".

Cixto de Assis Bandeira Filho
*Senhor do Bonfim-BA,
solstício de inverno de 2024*

SUMÁRIO

AUTO DO BANIMENTO 21

A FARSA DA UNHA ENCRAVADA 85

PLEONASMO REDUNDANTE DE UM MONÓLOGO
SOLIPSISTA 131

Auto do Banimento

Personagens

A.

Os doutores:
Dr. Tulattes
Dr. Doi
Dr. Orcidney
Dr. Du Mec
Dr.ª Capesina
Dr.ª Reitolhia

O amigo:
Ninguém

Os estudantes:
MJ
JM
CB

Carta aos doutos

Sei bem o que eu sou e o que sou não os agrada. Por mim, tudo bem. É um prazer desagradá-los.

O que eu devia ter sido quando cresci? Não sou o que vocês queriam que eu fosse e agradeço a mim por isso. Seus adestramentos não me amansaram.

Por melhor que fossem seus argumentos, eles não me convenceriam. De qualquer forma, nunca exercitaram seus argumentos, impuseram como o pastor impõe ao gado, e me violentaram.

Não falo de nada polêmico. Todos sabem que somos diariamente violentados, seja por nós mesmos ou por outros; somos violentados por quem permitimos, e permitimos que muitos nos violentem.

Quase ninguém sabe disso. E mesmo que eu diga a todos, continuarão sem saber, pois já se acostumaram aos seus eus sendo violentados. Eu percebi e, agora, retribuo. A repugnância é o que lhes dedico. O engulho é meu sentimento em homenagem.

Meu ódio pode ser agora canalizado, sem nada que me impeça, sem nada que pese à minha consciência ou que me iniba de fazê-lo. Não tenho ética. Não a que vocês me mostraram.

As palavras bem que tentaram, mas não conseguiram exprimir o ódio que urra. Regurgito sobre vocês tudo que em mim foi banido.

Nunca pleiteei conforto nem aplausos, não pleiteei a glória nem o status. Da revolta silenciosa despertei para a insurreição.

Também tive culpa. Comigo, porém, as contas já foram acertadas.

Está na hora de acertar as contas com vocês.

A.

Primeiro Ato

CENA I

No auditório (sem janela)

Acadêmicos estão reunidos em um pequeno auditório. Quem palestra é Dr. Tulattes. Apresentou muitos gráficos crescentes e índices da produtividade do conhecimento desenvolvida nos últimos ano. Está encerrando sua impecável apresentação e a plateia interage.

Dr. Tulattes — ... Nossos pais e seus avós, com toda a sabedoria dos mais antigos, já diziam que o homem é o produto do seu trabalho. Somos aquilo que produzimos. E como homens da ciência devemos construir ferramentas que meçam e quantifiquem nossa produção. Estamos aqui hoje celebrando o aniversário de um dos melhores sistemas de mediação do conhecimento que já implementamos. Pudemos ver, portanto, pelos índices e gráficos apresentados, que o conhecimento vem se tornando, inquestionavelmente, mais produtivo.

(Sorrisos satisfeitos na plateia. A. se incomoda. Dr. Tulattes estufa o peito com empáfia)

Dr. Tulattes — É gratificante, senhores, celebrar a satisfação de todos vocês e a contribuição de cada um para o desenvolvimento e para o progresso da nossa ciência. Temos a missão de produzir artigos em massa, somos ágeis e geramos conhecimento como as grandes empresas bem-sucedidas geram seus produtos. Além disso, homens da ciência devem mensurar o conhecimento e não o deixar à revelia. Por isso criamos parâmetros importantes que nos tornam grandes pesquisadores. E apenas para esclarecimento, pois sei que todos concordam, não incluímos, e nem pretendemos incluir, em nossos parâmetros, a função de adestrador, que antigamente era chamado de professor. Incluímos apenas a função de condicionador, dos projetos de iniciação ao condicionamento, conhecida pela sigla IC. A função de adestrador continua sendo quantificada a partir de outros parâmetros e com outras finalidades. De qualquer forma, e como sabem, essa função é bastante inferior, até mesmo desagradável.

(Dr. Tulattes ri calmamente, com ironia. Expressões de concordância e sorrisos de deboche enchem o auditório. A. sente seus ânimos se alterarem densamente)

Dr. Tulattes — Desconsiderando, portanto, essa atividade sem importância para nossa produtividade, valorizamos aquilo que nos faz grandes: nossas pesquisas e nossos artigos! Quanto mais artigos publicamos, mais produtivos somos e mais recursos conquistamos. Estamos valorizando o que temos de melhor: nosso conhecimento aplicado. Não precisamos perder tempo divagando sobre nossas pesquisas. Temos que transformar tudo que fazemos em artigo, pois assim agem os grandes pesquisadores. Repito e enfatizo: quanto mais artigos publicarmos, mais respeito e inveja (*um sorriso sarcástico*) teremos dos nossos pares.

Na criação desse sistema de medição já havia sido pensado como essa produção em massa aconteceria. Por isso criamos muitas revistas e cada uma tem o seu valor. O mercado de revistas cresceu além do previsto, o que é um sinal positivo. Basta, apenas, que as classifiquemos. Assim, algumas são mais elaboradas e qualificadas e valem mais, outras são menos qualificadas e valem menos, mas independentemente das suas qualificações, vamos continuar publicando muitos artigos e mostrar para nós mesmos que somos brilhantes, geniais, homens da ciência produtiva.

(*A plateia agita-se, mostra animação e contentamento. Conversas paralelas surgem. A. quer manifestar-se, mas Dr. Orcidney antecipa-se*)

Dr. Orcidney — Dr. Tulattes, quero agradecê-lo, em nome de toda a academia do conhecimento, por ter sido um dos responsáveis por essa formidável ferramenta de medição. Nossos artigos mostram o quão produtivos somos e os índices mostram que evoluímos. Entretanto, se devemos publicar muitos artigos, teremos que criar ferramentas que obriguem nossos alunos a publicarem. Temos que os condicionar a serem como impressoras, reproduzirem e produzirem. Isso é bom para nós, mas também é muito bom para eles.

(*Dr. Orcidney ri e a plateia agita-se outra vez. A. sente pontadas no estômago. Dr. Tulattes diz com um sorriso na face*)

Dr. Tulattes — Claro, Dr. Orcidney. Nas reformulações que estamos fazendo pensamos muito sobre isso. E, a partir de agora, todos os estudantes dos níveis 02 e 03 serão obrigados a publicarem um artigo a cada seis meses. E os do nível 01 não serão obrigados, mas serão induzidos, com ou sem coação e, agora, com remuneração. Meu filho, inclusive, futuro Dr. Delattes, é representante dos níveis 02 e 03 e implementou alguns baremas, propôs normativas e já estabeleceu diretrizes para os estudantes.

(*A. agita-se e outra vez é interceptado, quando Dr. Doi quase esbraveja*)

Dr. Doi — E regimentos! Temos que ser regimentais para que a ciência progrida! Precisamos de rigor nos métodos de pesquisa e na educação científica desses estudantes. A pesquisa científica tem um método único, precisamos ter medições, fazer os cálculos, gráficos, comparar os dados teóricos e experimentais. É assim que a pesquisa funciona. Não podemos inventar novos métodos. E devemos condicionar, treinar esses estudantes para que sigam o método, o único que existe. Só assim eles serão alguma coisa nesta vida.

Dr. Tulattes — Sem dúvida, Dr. Doi. E a obrigação de todos os estudantes, ao desenvolver um trabalho, é publicar um artigo. Quanto a isso estamos todos de acordo. Por isso todas as produções devem ser padronizadas.

(*A plateia move a cabeça afirmativamente. A. sente ânsia. Dr. Orcidney manifesta-se novamente*)

Dr. Orcidney — Não podemos também esquecer que o adestramento do nível 00 está cada vez mais afrouxado, e os estudantes que ao nível 01 chegam estão cada vez menos adestrados. Sabemos que é uma parcela muito pequena do nível 00 que chega ao nível 01. A grande maioria do nível 00 será feita de uniformizados. Um bom condicionamento precisa ser ajustado para bons fins. Se já não temos um bom adestramento no nível 00, temos que forçar e reforçar seus condicionamentos quando chegam aqui. Estou elaborando uma proposta para que os estudantes saídos do nível 00 passem por uma etapa de pré-adestramento acadêmico, para que possam memorizar alguns conceitos e definições que já deveriam ter memorizado.

Dr. Tulattes — Excelente, Dr. Doi. E se a maioria será sempre de uniformizados, poupando-nos de trabalhos (*assume uma postura petulante*), a minoria que chega ao nível 01 nos dá muito trabalho, e tem nos dado cada vez mais trabalho.

(*Dr. Tulattes ri e todos também riem. A. está incrédulo, quase transtornado*)

Os estudantes não sabem nada, não viram nada, não entenderam nada e continuam sem entender nada. Eles não conseguem se sair bem, nem nos testes padronizados. Alguns, eu me nego a condicionar e encaminho para que sejam disciplinados, tamanhas a indisciplina e incompetência. Questionam, discordam dos métodos, criticam os padrões. São jovens estudantes perdidos, que se vangloriam dos seus disparates. Sabemos que muitos desses que se negam ao condicionamento desistem do nível 01, para o bem da ciência, e se tornam uniformizados. Há, porém, os que chegam sem nenhum adestramento, mas aceitam e se tornam fáceis de serem condicionados. Raros já entram no nível 01 bem adestrados e com o conhecimento básico decorado e memorizado. Desse modo, temos que lidar e suprir um problema na base do conhecimento, um problema que não é nosso, que pertence a outra esfera, para, enfim, podermos ter um conhecimento produtivo que nos gere retorno.

(*A. finalmente levanta a mão, é sutilmente ignorado pelo olhar do palestrante, mas consegue se pronunciar*)

A. — Senhores, tudo que ouvi até agora se refere a condicionamentos, adestramentos, testes, conhecimentos padronizados, reprodutivos e quantificáveis. Falam dos saberes com a frieza de uma máquina de vedar pacotes. Fazer ciência, como os senhores dizem, é muito mais grandioso do que somar publicações. Não podemos reduzir o saber à mera reprodução mecânica. E me assusta o desprezo com que tratam as aulas e o verdadeiro princípio do ensino.

(A. é interrompido pelo Dr. Tulattes)

Dr. Tulattes — Não se usa mais o termo "aula". Agora são as sessões de adestramento, caso não esteja atualizado, o que lhe é bem típico. E o que você entende por verdadeiro princípio, grande sábio?

(Dr. Tulattes olha sorrindo para a plateia, que ri em concordância)

A. — Pois lhe digo, Dr. Tulattes, sobre um ensino que estimula a criação, que não usa nenhum padrão, que de cada um resgata...

(Dr. Tulattes interrompe A. de forma abrupta)

Dr. Tulattes — A., por favor, não temos mais tempo para suas ladainhas teóricas. Temos que ser produtivos. E já elaboramos testes para todos os níveis capazes de medir o conhecimento. Também precisamos de disciplinas, regimentos e normativas que direcionem o que fazemos. Somos pragmáticos e objetivos, somos cientistas, e o que devemos é respeitar esse pragmatismo e nossa capacidade de mensurar.

A. — Mas nem tudo pode ser mensurado. Temos que resgatar justamente o que não pode ser medido: o prazer do saber, o deslumbramento, o florescer de ideias. Pesquisar não é tratar dados, sejam eles de qualquer natureza...

(*A. é novamente interrompido pelo Dr. Tulattes*)

Dr. Tulattes — E o que é pesquisar? O que é transmitir conhecimento? É reunir jovens sentados na grama contemplando uma árvore?

(*O auditório todo gargalha. Dr. Tulattes continua sério*)

Dr. Tulattes — Estamos falando de produtividade. Entenda que devaneios metafísicos não são produtivos. Alguém que ainda usa o sistema discipular, que incentiva os estudantes a lerem livros e discutirem, mas nunca os faz ler regimento; que abdica dos condicionamentos, que despreza o conhecimento quantitativo, que quer provocar seres críticos e pensantes, não entende nada de produtividade. Temos nossos parâmetros e nossos baremas, e seus devaneios não cabem neles. Sabemos o que fazer no nível 01 porque temos planilhas que organizam e as diretrizes que sistematizam nossa forma de atuar, tudo elaborado pela equipe do Dr. Du Mec.

A. — Dr. Du Mec? Dr. Du Mec está perdido em suas inúteis reformas e reformulações. O ensino está ruído e o Dr. Du Mec finge não ver isso. Ele está preocupado em estabelecer parâmetros e não sabe o que faz. Dr. Du Mec segue uma planilha quantitativa e usa uma avaliação padronizada. Não sei o que ele sabe sobre cada contexto, sobre as especificidades humanas, porque, até onde compreendo, o conhecimento é humano e para humanos. Vejam a situação do nível 00, da qual tanto se queixam. Dr. Du Mec erra, tem se equivocado e há décadas tem falhado com suas formulações, avaliações e reformulações sem fim, que nada geram de bom. Dr. Du Mec segue o que o nosso sistema legislativo falido quer. É a falência promulgada sustentando a falência do ensino. É a decadência do pensamento sustentado legislativos apodrecidos. Pessoas que pensam são perigosas. Um ditado russo diz algo como: Cuidado com os cães que não lattes, latem, quero dizer.

(*A plateia fica séria, copiando o semblante sisudo do palestrante. Só A. sorri sutilmente, expressando um sarcasmo agridoce*)

Dr. Tulattes — Parece que perdeu o respeito pelos seus superiores.

(*A. fica sério novamente*)

A. — Nunca tive. Mas não quero falar sobre o Dr. Du Mec. Quero falar sobre a ciência, que toma rumos aquém do que ela pode alcançar. Sentir, pensar, refletir, duvidar, relacionar, compreender para, enfim, aprender. Há um discurso falacioso em curso, a pesquisa foi banalizada, o ensino foi padronizado. Já não basta quantificar o conhecimento em testes padronizados, padroniza-se também o conhecimento em trabalhos formatados? Fazem tanta questão de criar medidores e não percebem como os estudantes do nível 01 têm sido tolhidos em suas curiosidades e vontades de saber. São movidos pelo dever, jamais pelo prazer de conhecer.

Quero apenas que os estudantes sintam que minha antiga "aula", que jamais será um adestramento, valha a pena e que lhes faça bem. É fácil ter público quando se tem a obrigatoriedade da presença. Não acha, Dr. Tulattes, um pouco contraditório que o estudante tenha a obrigação de estar presente nas sessões de adestramento? Não lhe parece estranho que os espaços de conhecimento, nossas aulas, sejam agora sessões de adestramento, embora já fossem adestramentos desde o tempo das aulas? A presença, a prova, a falta que reprova, isso sempre foi um adestramento! Nosso ensino é um grande canil de Pavlov, em todos os níveis. A academia é um grande canil refinado, muitos cães de raça e poucos vira-latas...

(Com a face sisuda, Dr. Tulattes interrompe A. outra vez)

Dr. Tulattes — Guarde seus rancores, A. Já sabemos das suas dificuldades com os planejamentos programados, com os controles eletrônicos e com o envio das listas de presença. Talvez queira acabar com a obrigatoriedade da presença dos estudantes nas sessões de adestramento para não ter o trabalho de preencher a caderneta eletrônica. Não quer cumprir os regimentos e ainda se permite contaminar os estudantes com suas irresponsabilidades. Suas dificuldades em gerir obrigações administrativas não nos interessa! Ainda bem que poucos se prezam a ouvi-lo.

A. — Não pretendo mais guardar meus rancores, Dr. Tulattes. Acho que já os guardei demais. E se poucos me ouvem é porque já foram enquadrados ao padrão. São estudantes que pensam, mas não agem, criticam enquanto aceitam. Eu não me rendo aos padrões e não aceito adestrar pessoas como se adestram os cães...

(A. é novamente interrompido)

Dr. Tulattes — Pois saiba, A., que muito mais lúcido do que seus discursos contrários, o condicionamento de Pavlov, que você tanto condena, até hoje é a única forma de ensino comprovadamente eficaz. Se tanto se indigna com o adestramento, diga-nos, o que propõe? Qual teoria você defende? Quais seus princípios, suas bases, seu método? Nem método você tem! Como alguém se propõe a criticar nosso condicionamento e a falar da ciência e do conhecimento sem um método que o norteie? Isso só pode ser um devaneio ou algum tipo de alucinação.

(O auditório parece se divertir)

A. — Não proponho nada, não defendo teorias nem sigo métodos comprovadamente eficazes...

Dr. Tulattes — Então concluímos que seu discurso é inútil. Nunca vi algo importante que você tenha feito e ainda quer nos dizer o que fazer? Você não tem nada a propor, sequer defende uma teoria que sustente suas mágoas...

(Aponta para A. com desdém, retoma a empáfia e sorri com deboche)

A. — Deixo as mágoas para os jovens. O que tenho é uma cólera quase febril, uma sanha hepática, por isso eu critico e instigo e não preciso de métodos para saber o que devo fazer e como fazer. Meu discipulado não precisa de métodos. E não quero dizer aos senhores o que fazer. Isso o avaliador Du Mec já faz. E vocês acatam como a um mandamento bíblico. Tornar pessoas livres e críticas, independentemente de áreas ou de fragmentos do conhecimento, é o que penso. E que a construção desse conhecimento seja individual e prazerosa. Não defendo teorias, e trago apenas uma utopia solipsista em meio a uma distopia coletiva.

(Com ares de empáfia e sorriso sarcástico, Dr. Tulattes responde)

Dr. Tulattes — Não vejo distopia, A. Temos progresso, avanço, tecnologia. Por que não veste o seu chiton e sai por aí, iluminando seus discípulos para que eles sigam seus corações?

(*Dr. Tulattes dá risada e a plateia gargalha*)

A. — Que assim seja, doutor. Mas falo do que é possível e ações são possíveis. Falo de espaços férteis, físicos ou mentais, que querem ser adubados com novas ideias, com pensamentos e ações que satisfaçam e façam sentido. Falo do que pode ser feito simplesmente por querer fazer. Falo de quebrar padrões, sim, destruir as grades, rasgar regimentos, se necessário! Falo sobre a liberdade de poder apresentar o conhecimento a quem quer que seja, de forma a despertar paixões e transformações. Falo de tratar o conhecimento com sinceridade e com respeito à sua beleza.

Dr. Tulattes — Por favor, A., não percebe como seu discurso é vago? Cansamos do seu falatório romântico, sublimado e irresponsável! Cansamos dos que se negam a serem produtivos. Você se negou. Poderia ter se tornado um pesquisador respeitado, mas preferiu a subversão à razão. Em breve, você poderá responder a processos por não cumprir as suas obrigações. Todos sabem que você não confere as presenças, não aplica os testes, não cumpre as normas e pode se comprometer com isso. Nada pessoal, A., mas você já tem muitos atos de transgressão somados. Sabe que isso, em breve, vai se converter em processo e sua chance de se sair bem é quase nula.

A. — Por que diz isso, Dr. Tulattes? Quando seus argumentos falham recorre ao medo como estratégia de comando? Há alguns anos quase me convenceu sobre minha inferioridade. Por algum tempo fez-me crer que existiam muitos superiores a mim e que eu devia ser como eles. É fácil tornar-se impotente e frágil frente à autoridade, como é fácil pastar para um futuro abate ou ser um animal domesticado. Sinto lhe informar, doutor, mas nem sempre seus métodos são bem-sucedidos.

Dr. Tulattes — Blasfema em nome da sua revolta infantil, mas já cresceu o bastante para saber que sobre seus atos e pensamentos há leis superiores. Além disso, em seus históricos nunca coordenou um laboratório, nem a um grupo de pesquisa pertence. Filosofa tomando café e divaga fumando sei lá o quê...

(O palestrante esboça um sorriso de canto e a plateia esboça o mesmo sorriso)

Dr. Tulattes — Nunca esteve à frente de grupos, não sabe gerir nem suas unidades básicas, não conhece os editais, não publica, não consegue recurso. Não é um de nós. E talvez não caiba entre nós.

(A plateia silencia, num misto de deboche, supremacia e tensão. Dirigindo a A. o olhar desdenhoso dos opressores vigaristas, Dr. Tulattes desfaz o silêncio. Tem na face um contentamento vilipendioso)

Dr. Tulattes — Por que não terminamos nossa conversa na antessala? Os uniformizados já devem ter arrumado a mesa para nós e nos servirão. Convido a todos para um café, mas, por favor, é um café sem devaneios.

Todos riem e aplaudem. Dr. Tulattes também ri. A plateia levanta-se e muitos cumprimentam o palestrante. A. ainda está sentado, responde em voz baixa: "Não sou e jamais vou querer ser um de vocês". Espera que todos saiam. Usa a porta lateral para sair do auditório e evita a antessala.

****

CENA II

No café (sem ciência)

Os doutores dirigem-se à antessala, conversam alegremente, bajulam Dr. Tulattes, como forma de agradecimento e satisfação. Os uniformizados servem o café e alguns aperitivos. Soberbos em seus ternos, acariciando suas gravatas, formam rodas e discutem enaltecidos. Dr. Tulattes, Dr. Doi e Dr. Orcidney recolhem-se discretos no canto da antessala. Falam de algo que julgam imprescindível.

Dr. Doi – Acha que A. pode causar má influência sobre os estudantes do nível 01?

Dr. Tulattes – Não acho que seja esse o problema. O fato é que A. não produz, fala muito, quer fazer da ciência um filme comovente e não faz nada de importante para nós. Seus índices quantitativos são horríveis. Eu não falei brincando. E isso ficou muito bem-entendido.

Dr. Orcidney – Está pensando em banimento? Eu concordo. Acho que seria um ato prudente da nossa parte.

Dr. Tulattes – Seria excelente, mas não temos dispositivos legais para isso. Não neste momento. Nos regimentos e em todas as resoluções há menções a banimentos, só em casos extremos, mas não por má produtividade ou por ficar falando asneiras entre os estudantes do nível 01. Por sorte, não aceitam pessoas como A. nos níveis 02 e 03.

Dr. Doi — Podemos criar dispositivos ou...

Dr. Tulattes — Ou colocar A. numa situação penalmente extrema?

(Os doutores riem)

Dr. Doi — Não seria difícil, já que está sempre transitando pelo subsolo e ainda fuma ervas proibidas pela lei. Mas um caminho muito mais fácil seria criarmos um dispositivo interno legal, com base em índices de produtividade, e que possa banir esse tipo do nosso meio.

Dr. Orcidney — Por falta de produtividade? Creio que no momento tem apenas um estudante na categoria de discipulado, ainda. Só publica o que julga valer a pena, não quantifica seu conhecimento. É inútil para o nosso propósito.

Dr. Doi — Devemos investir nesse argumento. Nossa academia do conhecimento e nossa pesquisa têm de gerar nossos lucros, com retornos palpáveis. Devemos funcionar como uma empresa. Acho importante convidarmos o avaliador, Dr. Du Mec. Ele é o grande responsável pelas avaliações de nível 01.

Dr. Orcidney — E na avalição conjunta, nossa academia do conhecimento não teve a nota máxima por culpa de figuras como A. Talvez uma boa premissa possa englobar todos esses poucos subversivos ainda ativos no nosso meio e, assim, bani-los de uma vez!

(Após um silêncio compenetrado, olhando para um ponto qualquer no chão enquanto toca a gravata, Dr. Tulattes expressa-se, ainda compenetrado em seus pensamentos)

Dr. Tulattes – Banimento é algo muito sério. Nunca mais poderão adentrar ou se envolver com qual entidade que trate do conhecimento, de saberes, de ciências. Nem ao nível 00 podem voltar.

Dr. Doi – Vão criar núcleos alternativos em seus subsolos. Pelo menos, não os teremos por perto.

(Os doutores riem com desdém. Dr. Tulattes continua sério e todos repetem seu gesto)

Dr. Tulattes – Muito boa a sua ideia de convidar o Dr. Du Mec. Não creio que o meio relute ou crie algum entrave, mas temos que elaborar uma normativa sem muitas possibilidades interpretativas para que a maioria concorde de forma objetiva. Quem hoje representa a maioria é a Dr.ª Reitolhia, por isso creio que não teremos grandes problemas, apenas aquelas pequenas polêmicas de sempre, criadas pelos elementos de sempre, e que logo se dissipam sem que ninguém mais se lembre.

Dr. Doi – Vou entrar em contato com o Dr. Du Mec e marcaremos uma reunião. Seria bom resolvermos isso o quanto antes. Podemos considerar como sendo um assunto de urgência. Vou pedir para meus estudantes-secretários verificarem minha agenda. Peçam para seus estudantes-secretários fazerem isso. Muito boa, aliás, essa modalidade estudante-secretário. E pode ser de qualquer nível! Cuidam da minha agenda, do extrato quantitativo do meu conhecimento, dos meus contatos. E por falar em contato, tenho um almoço marcado com o diretor da fundação internacional de adestramento, a FaiPest. Vocês conhecem muito bem. A FaiPest financia vários dos nossos projetos. Vamos falar sobre o aumento da oferta de vagas para nossa academia. Eles têm excelentes programas de adestramento em vários países.

Dr. Tulattes – Sim, Dr. Doi. Já tive muitos adestrados financiados pela FaiPest. Mande lembrança para o diretor. E que excelente! Meu filho passou por um adestramento extraordinário em Massachusetts. Aliás, hoje vou almoçar com ele, minha nora e meu neto. Vou falar sobre o banimento com ele. Futuro Dr. Delattes, meu primogênito, é muito discreto e pode nos dar algumas ideias.

Dr. Doi — Almoço em família. Isso é gratificante! É uma benção divina! Esse é outro aspecto contra A. Não tem família nem crenças e ainda subjuga e difama nosso condicionamento estudantil, o matrimônio e a família como ela deve ser: pai, mãe, filhos, homem e mulher. Zomba de Deus na frente de todos, fala de incredulidade e defende comportamentos ultrajantes. Não é um caso de depravação, mas esse comportamento irresponsável é uma profanação e uma aberração.

Dr. Orcidney — Concordo, Dr. Doi. Uma pena que isso também não possa ser incluído em nossos regimentos. Hoje vou almoçar com a Dr.ª Capesina e mais dois coordenadores de área.

(Dr. Orcidney arroga o tom e adota ares superiores sobre seu colega)

Dr. Orcidney — Vamos falar da gratificação aos estudantes dos níveis 02 e 03 que publicarem mais de um artigo a cada seis meses. Acreditamos que essa gratificação tornará o processo mais desafiador, ganhando até mesmo um tom de disputa entre os futuros doutores. Após os trâmites superiores, vamos certamente nos reunir com o futuro doutor Delattes. E a Dr.ª Capesina não pôde estar aqui hoje conosco porque estava em outras reuniões importantes. Ela é bastante influente e embora cuide mais diretamente dos níveis 02 e 03, é ela quem cuida de todas as produções quantitativas. Vou comentar o assunto com ela. Mesmo se dizendo aberta aos ideais alternativos do conhecimento, a Dr.ª Capesina sempre esteve do nosso lado.

Dr. Doi — É a mais quantitativa de todos nós!

Novamente riem satisfeitos e despedem-se com apertos de mãos.

(Cai o pano)

Segundo ato

CENA I

Ao ar (não tão livre)

Fora do auditório, A. caminha sem rumo. São quase 12h, o sol grita a pino, a moleira esquenta. Jovens do nível 01 vão para o refeitório. A. não os quer ver, não naquele momento, quer fugir da quentura e do sufoco da multidão. Senta-se, enfim, em um banco da praça de baixo. Há sombra e um pouco de silêncio. Como sempre, está só. Quase nunca encontra com Alguém para conversar. Mas precisa falar e digerir tudo que ouvira pela manhã. Como sempre está só, tem seus interlocutores imaginários. Em seu solipsismo dialógico, inicia-se uma conversa.

A. — Quantificaram o conhecimento e parece que só eu me importo com isso. Se a ciência perdeu a emoção foi pela mais vil vaidade de julgar-se suprema por usar puramente a razão. Se a ciência é onde as emoções não interferem, logo ela é dita respeitável, previsível e controlável. A razão enrijeceu os sentidos, castrou a beleza, devorou o saber, picotou-o e transformou-o em moléculas perdidas de um conhecimento pulverizado.

Ninguém — Mas o saber já vem de longe contaminado. Muitas já foram as críticas ao que se chama academia, escola, ensino, nos diferentes níveis. Há uma farsa que começa na infância...

A. — Na infância da história. Há uma farsa que começa há 2.500 anos. Nosso berço do conhecimento é o berço de uma farsa.

Ninguém — Refere-se à Grécia Antiga...

A. – Refiro-me a uma sociedade escravocrata, de onde surgiram indagações e reflexões atuais e visionárias sobre os mais diversos aspectos da natureza. Saberes retidos por poucos. Escravos não eram cidadãos e eram mais da metade da população. Raras mulheres tinham contato com os estudos profundos. Os demais eram comerciantes, soldados, políticos, burocratas. Para quem ficava o conhecimento? Aristóteles nunca deu aulas para os filhos de escravos (*A. sorri pela primeira vez em toda a manhã*), mesmo porque, nem eram cidadãos. Mas foi ele quem ensinou o filho do imperador, que se tornaria o grande Alexandre. Ao menos, entre os gregos havia a vontade de saber, que impulsionava, e a própria busca era a razão e a dúvida era um prazer. Depois disso, em nossa cultura cristã, a dúvida passa a ser um pecado, uma blasfêmia, quase uma heresia. Finalmente, livre dos preceitos religiosos, o que era saber torna poder. E o conhecimento, o que antes se chamava educação, sempre foi pensado para determinadas finalidades, sejam elas de erudição, ferramentas de trabalho, ou para fins de controle, todos falsos princípios.

Ninguém – O que quer dizer com isso...

A. – Que toda educação sempre foi pautada em falsos princípios, fosse ela de poder, de exclusão, de consumismo ou de adestramento. O pensamento filosófico e científico, todo saber que a humanidade diz ter, foi sempre feito por poucos e para poucos. Hoje, porém, o problema extrapolou o acesso ao conhecimento. Há uma falência múltipla de pensamentos.

Ninguém – Não há mais volta. A falência já é irreversível...

A. – A educação, que seria nosso escudo contra a falência do pensamento, entregou-se ao descaso. De tão frágeis que sempre foram as suas bases, ela se deixou violentar por todo mau gosto, por toda aculturação e, principalmente, pelo condicionamento. Os bem condicionados se orgulham disso e são elogiados. Sempre foram falsos os princípios que regeram a educação, e isso foi notado por quase ninguém. Há muito tempo a falsidade dos princípios decretou a falência da nossa educação.

Ninguém — Vamos, então, destruir todos os espaços, do nível 00 ao nível 03...

A. — Não creio que faria grande diferença. O que colocaríamos no lugar? Seja lá o que for, sempre vai ser regido por burocratas, que farão estatutos e regimentos, os quais todos obedecerão. Tudo que já se tentou, terminou sempre na mesma coisa, um pouco piorado. As descrenças cresceram. A mesmice basta para cumprir o que é mandado. A uniformidade é o que se espera dos adestrados. As provas nacionais, os exames de admissão, o mercado de trabalho, os níveis de qualidade são medidos pelo grau de adestramento.

Ninguém — Mas ainda há alguns poucos que também se importam...

A. — Os que dizem se importar terminam por teorizar demais e caem nas contradições de suas próprias teorias. Importam-se mais com suas vaidades. Lá no passado, talvez se teorizasse com mais ações e mais convicções, mas agora, muitas teorias já começam natimortas, outras nascem, crescem e tornam-se enfadonhas. Muitos dos que dizem se importar estão muito mais preocupados em quantificar o que fazem. Não acredito mais em seus discursos.

Ninguém — Você ainda tem seus discipulados...

A. — Sempre tive pouquíssimos. Agora, é um apenas, CB, pelo qual tenho muito respeito, mas também muito medo por ele. Não querem mais ser discipulados. Preferem ser condicionados, e só muito eventualmente algum maluco quer ser discipulado de A. É mais simples ser treinado.

(A. esboça um olhar cabisbaixo)

Ninguém — Mas mesmo os condicionados gostam das suas ideias...

A. — Mas não sustentarão nenhuma delas. E muitas vezes gostam do que digo porque eles mesmos estão em conflitos com suas expectativas. Quem os salvará serão seus condicionadores, em suas iniciações ao condicionamento. Durante suas ICs, serão enveredados pelo capital, pelo status, pelo falso respeito. Serão futuros babacas formados pelo falso saber. Estúpidos doutores adestram jovens patéticos; patéticos doutores adestram jovens estúpidos!

Ninguém — Um pouco radical, não parece?

A. — Não, nem um pouco radical. Uma porcentagem pequena dos estudantes do nível 00 chega ao nível 1. Os que aqui chegam, conseguiram ter acesso ao ensino modulado, e pago, na maior parte das vezes. Já veem adestrados, por isso são fáceis de serem condicionados. Cabelos coloridos não os tornam mais críticos. Vão facilmente aceitar a rotina dos testes padronizados, das aulas sem brilho, do dizer pelo dizer, do mecanizar sem entender. Depois serão condicionados a pesquisar um único assunto, do qual serão experts e terão quantitativos conhecimentos e reconhecimentos. Não se cultiva o saber onde o saber deveria florar; não se cria saber onde ele deveria crescer.

Ninguém — O terreno do saber parece árido...

A. — Parece desertificar a cada dia. Desconheço, entretanto, momentos grandiosos da história do conhecimento em que razão e emoção não estiveram juntas. Hoje, o que há é um terreno infértil de emoção. A razão se espalhou, não como pragas em lavouras, mas como plantações de soja e cana que se estendem no horizonte, onde antes era cerrado. Não há mais a fertilidade na criação. Alastram-se monoculturas do conhecimento, racionalizadas, não por culpa de Descartes. Ah, quem dera ainda se pensasse como Descartes!

(*A. balança a cabeça, gesticula, mexe os lábios, falando sozinho*)

A. — No discurso do seu método rasga a monocultura do pensamento, exalta a dúvida e cria o seu método, e ainda dá vida a um sistema-espaço a partir de moscas no teto. Até Descartes transgrediu quando criou seu próprio método, por lhe ser insuficiente a forma como o conhecimento lhe foi apresentado. Seu método parte da dúvida, uma dúvida constante, que não sacia nem deve saciar. O que ele fez e propôs nada se refere ao racionalismo de hoje. Mas por que me lembrei de Descartes?

(*A. abre um largo sorriso, com a ironia de um bobo da corte; quer ri, mas se contém. Olha em volta e contrai o rosto. Por instantes tem seu refúgio invadido. Avista ao longe um estudante do nível 01. É seu discipulado. Orgulha-se e tem medo. Duvida de si, sente ódio pelo que não pode mudar, e retoma seu solipsismo, refletindo sobre ele*)

A. — Talvez minhas provocações e minhas inquietações não passem de solipsismos vagos, de um individualismo crítico exacerbado, que leva ao extremo algumas ações. Nesse embate não tenho razão, mas tenho todo sentimento de um verso e a emoção de falar sobre uma pedra que cai. Tenho meu método a-método-lógico. Isso pode parecer ridículo, mas sou livre para ser ridículo! Sinto meu sabor de saber. Tenho meus gestos, meus atos e meus modos, que destoam dos atos padronizados. Tenho a mim e basta! Tenho tudo que me fiz, sobre os saberes que me construíram. Sou minha única referência! Sim, porque todas as minhas leituras, as minhas discussões, as minhas análises, foram geradas em mim, nas minhas confusões, com as minhas incertezas, nos meus conflitos, em minhas batalhas comigo.

Ninguém — E seu eu-único* vai lutar contra o eu-todos...

A. — Não, não vou lutar. Eles construíram seus preceitos a partir de seus atos coletivos e coordenados. Eu me tornei livre. Os eus de todos se tornaram o eu-todos. Pensam igual, agem igual, vestem-se iguais; condicionam estudantes, fazem trabalhos iguais, publicam artigos iguais, ou muito parecidos. São homens de bem, mulheres de família. Pensam todos serem bons ao agirem de forma regimental e criam ferramentas de amarras, talvez refletindo as amarras que já vestiram e das quais não querem se desprender. Não são eus-individuais, são eus imbricados em vontades alheias, em padrões produtivos e na imagem que exalta a vaidade. Não são mais eus, são todos o mesmo-eu. Confundiram-se e não podem mais encontrar seu eu-único*. Por não encontrarem mais seu único, querem que todos sejam o mesmo-eu. A burocracia e as mídias têm tido muito sucesso nessa missão. A primeira produz regimentos, as ordens dadas pelos que comandam, e todos obedecem, mesmo que se queixando. A segunda faz imitadores, em *immitares* de tremendo mau gosto. Ambas criam protótipos. Os espaços virtuais são ainda mais ardilosos. Eles seduzem e controlam, viciam e estupidificam. Tornam-se eu-todos virtuais e nunca mais recuperam seus eus.

Ninguém — Despreza as lutas por não acreditar...

A. — Desprezo porque não acredito. Não sustento causas. Núnca sustentei causas. Não me afino com ideologias, não pertenço a grupos nem me enquadro em qualquer luta; não gosto de partidos, não sou parte de movimentos populares nem de minorias excluídas. Seria muito hipócrita da minha parte se tivesse feito isso, como muitos hipócritas fazem, e quase sempre nem se dão conta de suas próprias hipocrisias, porque pensam como todos, é o eu-todo que comanda e regimenta. Grupos moldam seus eus e direcionam seus eus para uma causa, que transformaram na causa de todos. Ao fim, ninguém mais se lembra de si, e todos pensam e agem conforme um grupo comandante. Mas é o eu-todo quem decide, e é um único pensamento, expresso em muitos votos. Vencerão, eu sei. Meu eu-único* não se dispõe a lutar contra o eu-todos.

Ninguém — Não quer lutar contra a farsa...

A. — A farsa já é verdade. E não se desfaz uma farsa depois que ela se torna verdade. Quer farsa mais real, quer ficção mais verdadeira, do que a dos deuses ou de Deus? Não perco meu tempo matando Deus. Como se mata uma ficção? A ficção é refeita de tempos em tempos e toda fé divina vem dessa ficção. O cristianismo já matou deus desde que o criou, e se não o matou fez dele um ser irrisório. Está na Bíblia, como dizem os crentes. Se "Deus criou o homem e o entregou às suas próprias decisões", parece bem claro que a prece é só um paliativo, um vício ilusório, a ilusão de um vício. Desde o princípio, agora e sempre, deus caiu fora. Fez a merda e caiu fora...

(A. quer sorrir, mas não consegue. A luz começa a pesar, o calor começa a doer)

A. — A fé é só uma das tantas ilusões. O problema nunca foi Deus, mas o sentido da vida que não existe, daí a necessidade de invenções, ilusões, porquês, enquanto cada qual segue na sua inútil existência. A arte, a literatura, a ciência, também são invenções, só que de bom-gosto, e mais criativas do que crenças em deuses esquizofrênicos.

Ninguém — A ciência é uma farsa?

A. — É uma criação. Primeiro, os atomistas inventaram o átomo. Séculos depois se observou algo muito parecido com ele. Esse muito parecido era muito mais complexo do que qualquer representação poderia alcançar; nem o cálculo diferencial, nem analogias imagináveis. A ciência inventou comportamentos, fez do indeterminável seu novo determinismo, criou medidas refinadas do acaso, deu vida ao spin, e fez tudo isso por desconhecer. Para os casos tangíveis, visíveis e imagináveis, ela também se constrói como uma representação. Criação ou representação, a ciência não deixa de ser uma ilusão. Os que a buscavam, faziam-no para responderem inquietações e para abrandarem o sufoco da existência. Os que hoje a buscam, buscam por suas aplicações. Não se cria mais ciência.

Ninguém — Por causa da farsa do conhecimento...

A. — Toda farsa do conhecimento é uma verdade institucional. De vultos ou de luz extrema, a cegueira está feita, e é plena. É como o Sol, que detesto. O mesmo Sol de grande valor para a vida, o Sol que machuca, que fere, que cega com sua incidência violenta, e que continuará ainda por muito tempo, majestoso e opressor, como todo rei. Não "mato por causa do Sol", e com ele sei que não posso lutar. Quem dera eu pudesse "matar por causa do Sol", mas não tenho a sua disposição, Mersault*.

O Sol começa a queimar sua face. Faz calor e a atmosfera lhe parece sufocante. Dá-se conta de que já fala sozinho há um bom tempo. Levanta-se. Olha em volta e há um profundo estranhamento, como se aquele lugar não mais lhe fosse familiar. Não quer mais falar com Ninguém. Quer tomar café, mas o Sol não só arde, também oprime. Sente-se um estrangeiro cujo idioma ninguém compreende. Está vencido num mundo distópico. Sem mais caminhos por onde queira ou possa ir, vai esconder-se no centro de leitura.

****

CENA II

No refeitório (sem sabor)

Passa das 13h e o refeitório ainda está lotado. Estudantes do nível 01 almoçam. MJ e JM almoçam e conversam.

MJ — Detesto essa sobrecoxa de frango dura. Bem que hoje podia ser um bife. Se bem que bife também é duro, e às vezes sem tempero.

JM — Você já estudou para os testes do Dr. Doi?

MJ — Os testes dele são todos iguais, bem parecidos. Todo ano é a mesma coisa, há mais de dez anos. É só ver o que ele pediu nos testes anteriores.

(MJ e JM comem, conversam, pensam nos testes, no frango sem sal, olham o vai e vem no refeitório)

MJ — Não vou perder meu tempo estudando, e nem vale a pena estudar para os testes dele. Ele é muito frouxo nesses testes, e todos conseguem cumprir os créditos de adestramento com ele. Também acho muito chata a área de pesquisa do Dr. Doi. É muito teórica e não me interessa. Eu nem gosto do Dr. Doi. Não sei por que você quis fazer sua iniciação ao condicionamento, sua IC, com ele. Sou estudante de iniciação ao condicionamento do Dr. Orcidney, e é muito melhor. Tudo que ele faz é pensando numa aplicação.

JM — Mas as áreas do Dr. Doi também são todas pensando em aplicações. Se não tiver uma aplicação, não faz sentido estudar.

MJ — Sem aplicação, não interessa. É como o teste do Dr. Doi: não me interessa nem um pouco. Eu vou pra minha realidade virtual, vou jogar e falar com as meninas (sorriso). Estudar é que eu não vou, e nem precisa. Depois é só dar uma olhada, memorizar a lógica reprodutiva, e pronto.

JM — Tem razão.

MJ e JM terminam o almoço e saem a passos lentos do refeitório. Unem-se e confundem-se a outros estudantes, que caminham no mesmo sentido. Seguem calados enquanto vão deixando o espaço de maior movimento.

****

CENA III

No caminho (oposto)

No caminho oposto, MJ e JM encontram CB. Na sensatez da pureza juvenil são amigos, embora não compartilhem nem dos mesmos gostos musicais, nem dos mesmos lugares, tampouco dos mesmos pensamentos.

MJ – Tá indo almoçar? Tem frango, tá horrível.

CB – Bom saber. Já tô sem fome. Tô vindo do setor de baixo. Eu tava lendo. Aliás, um livro incrível, O homem revoltado...

MJ – O homem revoltado! É a sua cara! E tava lendo sentado embaixo da árvore?

(MJ e JM riem do colega, numa sátira pueril. CB sorri de forma sutil)

CB – Não, engraçadinhos. Eu tava no centro de leitura.

JM – E A. estava por lá? Sempre está lá. Nunca está nos núcleos de cima da academia, está sempre no setor de baixo. E toda vez que o vejo parece completamente entretido em seus pensamentos, divagando, como se vivesse em outro mundo. E ainda fala sozinho...

(MJ e JM riem)

MJ – Ele também não usa os espaços virtuais para nada. Só usa endereço eletrônico, endereço eletrônico...

(MJ e JM gargalham)

JM – E nunca está entre os outros, nem nas conferências, nem nos simpósios. E quando vai, só critica.

CB – Por isso eu quis ser seu discipulado. Porque ele critica toda essa farsa que o ensino incorporou. Ele não segue padrões, não adere aos testes, seus estudos não são quantificados...

MJ – É esse o problema. Essa conversa de que devemos nos deleitar, degustar a ciência, perceber sua beleza, isso tudo é uma conversa inútil. Eu só quero fazer minha iniciação ao condicionamento e receber meu pagamento por ela. E vocês sabiam que agora vamos também receber uma bonificação por artigo publicado, como uma forma de incentivo à publicação de artigos?

JM – Eu soube disso. Não gosto de artigos, mas pelo valor recebido vou escrever e publicar. E é fácil. É só ter uns dados, analisar, escrever um texto introdutório pequeno, que é só copiar e colar (sorri) e pronto.

CB – Não sei se vale a pena...

JM – Pelo valor recebido? É claro que vale!

MJ – E pelo status. Quero entrar respeitado no nível 02, e quanto mais dados, mais artigo, mais respeito.

CB – Não entendo como podem pensar assim...

JM – Porque você escolheu ser um discipulado e não um condicionado. Você nunca vai entender.

MJ – E é discipulado de A.!

(MJ fala sorrindo, com a zombaria da sinceridade infantil)

JM – Cara, acorda! Disciplinados aprendem a pensar, a refletir, a filosofar, a sentir, a perceber. E para que servem essas conversas? Se continuar com essas ideias, você não vai ser nada aqui e talvez não conquiste nada em sua vida.

CB – E o que é ser alguma coisa? Já não somos? Percebem que, desde criança, associamos o ser ao que é produzido? Não associamos o ser ao que somos, mas a quanto valemos...

MJ – Lá vem o CB divagando por causa de uma frase...

(MJ e JM riem)

MJ – É por isso que eu não gosto de A., nem das coisas que fala, nem da maneira que ele fala. É incapaz de ser um doutor como os outros e por isso se acha melhor que todos...

JM – Para mim tanto faz. Eu só quero continuar minha formação, e não preciso pensar nem ficar divagando sobre a natureza. Quero aproveitar que ainda não sou adulto, ir às festas, compartilhar meus espaços virtuais. O conhecimento, a gente memoriza. Para ser um bom pesquisador, de acordo com Dr. Doi, não precisamos pensar muito. Temos que ser disciplinados, bem condicionados e produzir de forma quantitativa.

MJ – A. critica tudo, até nossas festas, nossa música, nossa dança. A maioria dos estudantes não gosta do que ele fala sobre o fankiu.

CB – Desse som que escutam na porta do refeitório? Dessas canções de batidas repetidas e letras que falam de rola, buceta, orgias, dinheiro, carrões e rapé sintético?

JM – Ninguém tá preocupado com a letra, CB. A gente só dança, se esfrega, rebola, bebe sintéticos, cheira sintéticos...

MJ – Cara, ainda não somos adultos. Quando a gente se tornar adulto vamos nos casar e ter filhos, seremos doutores e não poderemos mais ir às festas nem curtir as baladas de fankiu. Isso é a vida de um jovem! E você tá falando igualzinho ao A.! Essa letra que você tanto critica é um tipo de feminismo moderno, é uma forma de libertação. Se homens podem ter muitas mulheres, mulheres podem ter muitos homens, e todo mundo saí ganhando!

(MJ ri. JM sorri enquanto mantém o olhar concentrado em seu dispositivo de realidade virtual)

JM – Enquanto vocês falavam aí, eu vi que vai ter uma festa, com muito fankiu, bebidas sintéticas, rapé sintético. Eu vou! Vai, CB, deixa de ser crítico, chato e velho! E você já colocou fim no seu compromisso. E era alguém das humanidades. Péssima influência!

(JM ri e aponta para MJ, que se agita rindo e mexendo a cabeça em concordância. CB esboça um sorriso, tenta ser simpático)

CB – Não, não vou. Mas aproveitem enquanto não são adultos, pois depois a vida acaba.

(Ele tem agora um sorriso irônico, meio encabulado)

CB – E vocês estudaram para o teste de amanhã?
MJ – Os testes do Dr. Doi são todos parecidos. Memoriza e pronto.
JM – E agora, todos os testes são de marcar x. Não precisa estudar. É só ter uma ideia da resposta.
MJ – Ficou muito mais fácil para nós e para eles. Os valores do nosso desempenho são divulgados mais rápido porque eles pedem

para os estudantes-secretários conferirem as respostas. Nem se dão mais ao trabalho de ler nossos testes.

CB – Mas eu quero entender um pouco do assunto. Queria poder procurar o Dr. Doi para discutir sobre minhas indagações, mas ele não se dispõe a isso.

MJ – Ele não tem tempo para estudantes do nível 01.

JM – E nem paciência!

(MJ e JM riem)

JM – Não adianta perder seu tempo. A gente não vai entender nada do assunto mesmo. Ele sabe muito, mas sabe pra ele. Não consegue explicar bem. Aliás, quase todos aqui são assim.

MJ – Todos...

(MJ e JM gargalham. CB está sério)

CB – Quando uma pessoa sabe um assunto, ela sabe explicar, se quiser, é claro. E eles deviam querer e se esforçar um pouco mais para que a gente entendesse.

MJ – Pra quê? Atuar no nível 01 é quase um favor que os mais produtivos fazem. E eles detestam. O nível 01 não gera produtividade, então não tem muita utilidade. Quem quer fazer iniciação ao condicionamento com os mais qualificados, vai por causa das pesquisas aplicadas e dos recursos, não pelo que eles ensinam.

JM – E, no caso do Dr. Doi, ele acha que a gente não é capaz de entender o que ele fala. Não sei se a gente é mesmo incapaz ou se ele complica. Só sei que é muito chato, e é muito melhor memorizar os testes.

CB – Acho que vou seguir seu conselho...

MJ e JM sorriem tranquilos. CB está reflexivo, um pouco sisudo. Eles despedem-se. MJ e JM viram as costas e seguem para os núcleos de cima. CB desiste de almoçar. Não sente fome. Tem sede, cansaço e a vontade de vida lhe falta. Não tem para onde ir, a não ser voltar para os livros.

(Cai o pano)

*Eu-único: referência a Max Stirner.

Terceiro ato

CENA I

No centro de leitura (com janelas)

A. avista CB, que acaba de chegar ao centro de leitura. Acena e CB responde. O local torna-se mais vazio a cada ano. Os estudantes memorizam os testes e fingem estudar, usando os dispositivos tecnológicos. Não leem mais. A. e CB cumprimentam-se. Ambos estão sérios, querem parecer serenos, mas têm os semblantes tristes, e os olhos de CB estão marejados.

A. – Olá, CB!

CB – Oi, A.!

A. – Vai ler um pouco?

CB – Não sei. Queria conseguir, mas só vim me refugiar um pouco no meio dos livros. E você?

A. – Estamos em situações bem parecidas.

(A. esboça um leve sorriso de consolo e cumplicidade)

A. – Quer conversar um pouco em uma sala de leitura em grupo? Devem estar quase todas vazias.

CB – É, acho que sim.

(*A. e CB dirigem-se a uma das salas de grupos em silêncio. A. abre a porta. Enquanto se acomodam e acomodam as mochilas, A. abre a janela e inicia a conversa*)

A. – Também tive uma manhã ruim hoje.
CB – Tudo tem me parecido tão estranho...

(*Sentam-se um diante do outro. Uma brisa suave circula por eles e a luz natural ilumina sem arder*)

A. – Por que acha que tem sentido isso?
CB – Não sei... Tenho a impressão de não ter parte no mundo ou minhas expectativas é que estão sendo frustradas. Por exemplo, tenho teste amanhã, mas não sei se vou fazer. Tenho estudado o assunto, queria entender mais, mas nem meus colegas, nem o Dr. Doi, estão preocupados com isso. O teste é mecânico e todo mundo decora como fazer. E só tem uma forma de ser feito. Não é admitido, em nenhum teste, pensar de outra forma, senão na forma padrão. E agora todos os testes são de múltipla escolha. Queria poder pensar e não reproduzir. Eu achava que aqui, no nível 01, que tanto me esforcei para chegar, seria diferente, que aqui pensaríamos, criaríamos, discutiríamos, mas não é nada disso.

(*A. escuta com atenção, compartilhando em silêncio a mesma angústia. Não sabe bem o que dizer*)

A. – Passei por isso também, na minha formação, quando tinha a sua idade...

(*CB fica com as faces avermelhadas. Parece ter raiva*)

CB — Vai me dizer também que só vivemos enquanto somos jovens? Vai me dizer que só enquanto jovens pensamos, amamos, vestimos camiseta com dizeres críticos? Que só enquanto jovens há vida, depois vamos ter obrigações, compromissos, filhos, família, vamos ouvir a galinha pintadinha e vamos todos nos constituir como babacas civilizados e imbecis exemplares?

(*A revolta do jovem faz A. se sentir melhor*)

CB — Pensava que aqui nos tornaríamos mais curiosos, mais criativos e estimulados a refletir e discutir. Mas aqui, A., aqui é onde se adestram os fantoches, onde se programam os robozinhos. E o que é pior, robozinhos que se julgam espertos, livres de comandos, que juram pensar por si sós, sem a mínima consciência do grau de robotização em que estão, e por isso se deixam adestrar facilmente. O que importa, ao meu redor, é a imagem e a vida virtual. O que preocupa e chateia aqueles com quem convivo é fazer o que o adestramento e o condicionamento obrigam. Embora detestem, aplaudem no final. É como ser obrigado a ouvir um cantor desafinado destruindo músicas belíssimas e ainda ter que aplaudir a apresentação.

(*A. escuta com atenção. Tem os dedos cruzados, apoiados no queixo, e sorri com ironia*)

A. — Sua analogia foi ótima. Imaginei a cena e ainda inclui um desavisado que fosse dizer ao desafinado sobre seu desacerto musical. Com sorte, não seria ouvido, ou seria rechaçado. Isso vem desde quando as sessões de adestramento ainda eram chamadas de aulas.

(*A. muda sua posição, descruza os dedos, abaixa as mãos e apoia as costas na cadeira*)

A. – Estamos sós, CB, eu e você, cada qual em sua solicitude, cada qual com seu solipsismo. Não posso ajudá-lo e não pode me ajudar. Embora nossas ânsias e discordâncias muito se pareçam e derivem do estranhamento em relação ao mundo e ao mundo conosco, são as suas ânsias e as minhas ânsias, brotadas cada qual pelos nutrientes do seu hospedeiro. Foram necessários mais de vinte anos para ser livre. Pago um preço por isso. Talvez você encontre outros caminhos para continuar pensando enquanto produz para sobreviver. Jovens críticos inquietos como você, de fato, não são valorizados.

(*A. sorri preocupado. CB sorri de volta, com expressão debochada e carrancuda*)

CB – Sugere que eu faça iniciação ao condicionamento?
A. – Talvez...

(*Ambos sorriem com expressões tristes*)

CB – Que tal uma IC com o Dr. Orcidney?

(*Riem, querem disfarçar a preocupação. A. olha pela janela e volta a franzir a testa*)

A. – O fato, CB, é que inteligências como a sua ou como a minha não são úteis. Destoamos dos discursos estabelecidos, não cedemos às imposições e não aceitamos a naturalização das farsas que regem a sociedade e o ensino. Vemos muito além das obviedades. Quando propomos algo, é certo que ou vai incomodar ou vai ser tomado como uma proposta sem lógica e nem será considerada. O fato, CB, é que não continuaremos nossos diálogos discipulares. Aliás, logo o sistema discipular será extinto e só será aceito o condicionamento, mas antes disso acontecer já estarei bem longe daqui.

CB – Longe daqui?

(CB franze a testa. Devia estar mais surpreso e assustado, mas parece que já esperava por isso)

A. – Sim... Sinto até uma leveza por ficar longe daqui...

(A. olha o céu do lado de fora. CB mantém a testa franzida)

CB – O que aconteceu?
A. – Dr. Tulattes foi muito enfático na sua fala de hoje.
CB – E o que ele disse?
A. – Fez elogios exaltados aos sistemas que medem conhecimento, comemorou os dados de produtividade crescentes, disse que devemos publicar e publicar sem pensar, adestrar, condicionar, e toda aquela verborreia de sempre. Dessa vez optei por não me calar, não fui gentil e ele me alertou ou me anunciou o que eu já sei há muito tempo. Infelizmente, ele me conhece e sabe que eu entendi muito bem.

(A. assusta-se com um tremor interno. Sente ódio)

CB – Você foi estudante de condicionamento do Dr. Tulattes, não foi?

A. – Fui. Também caí na tentação do ego. Cheguei a entrar na máquina quantitativa de produção em série, por pouco tempo, mas não me dei bem. O Dr. Tulattes apostava em mim, mas desregrei.

(*A. sorri e volta rapidamente a ficar sério*)

Ele foi por caminhos que eu nunca concordei e nos distanciamos. Na verdade, rompemos. E agora ele vai me banir. Não apenas ele, todos que pensam iguais a ele, o que corresponde à grande maioria. De fato, não há nada de pessoal no que o Dr. Tulattes pretende fazer. Logo outros serão banidos.

CB – Banidos? Banimento? Isso não é possível. Banimentos só acontecem em casos muito extremos. Dizem que o último aconteceu há mais de trinta anos. É verdade?

A. – Sim, mas na lógica regimental tudo é possível ou impossível, depende do interesse da maioria, e a maioria, já sabemos como ela pensa e age.

(*A. sorri com ódio*)

CB – Não seria uma expulsão?

A. – Numa expulsão ainda se pode atuar no nível 00, montar escolas, transitar pelo conhecimento, até mesmo pela academia com grupos de estudo. Não há, contudo, nenhuma intenção de se permitir o pensamento em quaisquer dos níveis e dos espaços. A intenção é banir.

CB – Banir o pensamento?

A. – De certa forma.

(*A. continua sorrindo*)

CB – E o que você vai fazer?

A. – Eu não vou fazer nada.

CB – Mas eles vão!

A. – Eles vão fazer o que acham certo diante do que eles acreditam como certo.

CB – Se decidirem pelo banimento, com certeza vão lhe dar o direito de recorrer da decisão.

A. – Mas não vou recorrer de nenhuma decisão. Recorrer à decisão é um direito que me será dado pelos mesmos senhores que me acusam. É, portanto, um direito que eles me concederam, não é o meu direito. Se conquisto um direito, ele é meu; se me concedem, o direito é dos que concederam. E o direito concedido ao outro é uma estratégia democrática e generosa de impor decisões. Não passa de um engodo e quase nunca corresponde a um direito conquistado.

CB – Entendo o que você diz, mas não sei se concordo. E não aceito. Você tem muitos argumentos para contestá-los e mostrar que é tão forte quanto eles.

(A. sorri um riso largo, quase feliz)

A. – Esses argumentos só existem diante do que você acredita e de nada valem diante das justificativas que eles apresentarão. São eles que fazem as normativas. Aliás, eles são a própria normativa. Pensam, agem e até gesticulam como se estivessem sob o comando de um ato normativo.

(A. ri sozinho. CB está sério, tem os olhos fixos sobre a mesa)

CB – Essa ameaça que o assombra, que me assombra, devia ter me surpreendido, mas não estou assustado. É como se já esperasse...

(CB ainda tem seu olhar fixo, mas está vago, como se nada visse)

A. — Não se trata de uma ameaça. A sentença já foi dada, só falta uma justificativa administrativa-legal, o que eles sabem fazer muito bem. Não demora muito, somarão meus atos de transgressão disciplinar com o início de um processo, associado à baixa produtividade frente aos parâmetros curriculares e pronto, já é informação suficiente para criar uma normativa que inclua tudo isso e respalde juridicamente meu banimento. Nos bastidores, para ser aceito pela maioria, afinal, é um espaço plural e democrático, vão me desmoralizar, intelectualmente e moralmente, dentro do que julgam intelectual e moral. Fato é que o eu-todos sempre vence, pois sustenta muito bem todos os seus falsos princípios. Educação, matrimônio, sociedade, amizade, solidariedade, tudo parte de falsos princípios, todos partem do falso princípio da posse, da conquista de território, do domínio de espaço.

CB — Relacionamentos amorosos talvez sejam os mais falsos...

A. — Não há escalas de falsos princípios. Achamos que o amor é mais falseado por ele ser mais ilusório. O amor, como você se refere, ou nasce e morre em versos ou se torna um acordo entre partes. São acordos, muitas vezes, registrados em cartório, que partem do princípio do domínio territorial. Os princípios humanos já se mostravam muito antes dos impérios. Nas espécies que nos antecederam temos todos os princípios que nos fazem hoje humanos. Desde que o poder do fogo foi conquistado, ele nunca foi compartilhado. Nossos antecedentes matavam e morriam pelo fogo. A caça não era por eles socializada, havia emboscadas, lutas, disputas, matava-se e morria-se pela comida. Fêmeas não eram cortejadas. Pelo princípio do domínio e por sua estrutura ósseo-muscular, eram tomadas com base nos princípios da superioridade, da propriedade e do utilitarismo, nesse caso, para a geração de descendentes.

CB — Todos falsos princípios.

A. — Esse é o juízo que fazemos. Eles se tornam falsos princípios segundo a forma como analisamos agora. Mas são princípios primários. Nenhuma espécie abandona seus princípios primários. Mesmo as espécies domesticadas conservam seus traços primários, principalmente nas situações de sobrevivência, seja de defesa, ataque ou pelo cio.

CB — O cio é tão frustrante. Romantizamos demais o amor...

A. — Certo, CB. Vamos falar de amor para esquecer o Dr. Tulattes. Na verdade, nem sei qual dos assuntos é pior. Sim, romantizamos demais...

(Ambos riem)

A. — Mas há o sentimento sublimado do amor e há o sentimento real. O amor em verso pode ser inventando como manda a sua vontade. O amor real é uma relação de interesses e comodidades. Não sei exatamente quanto vivi do amor real. Sei apenas que foi o suficiente para considerá-lo uma experiência bem ruim. Mas não vamos falar de amor. Já ouvi muita coisa desagradável hoje.

(Ambos tentam sorrir. Não conseguem, mas parecem mais leves)

CB — Tem razão. E o princípio da existência também é falso?

A. — A existência não tem princípios. Ela é só um acontecimento aleatório, probabilístico, sem nada de especial.

(A. tem o semblante mais tranquilo. Olha pela janela, vê a copa de uma árvore e o céu azul de fundo. Entristece-se como numa despedida. CB o reanima)

CB — Raros entendem e aceitam que a vida não tem mesmo nenhum sentido, não tem nada de especial e tudo de especial ao mesmo tempo. Acho que atribuir sentidos como filhos, paixão, Deus, Nossa Senhora, é mais fácil. E não é simples viver sem nenhuma razão. Mesmo consciente disso, ainda crio ilusões.

A. — Ilusões podem ser saudáveis e avivar criações. Às vezes, ilusões nos tornam mais criativos, poéticos, artísticos, e essas ilusões são estratégias de sobrevivência necessárias. Por outro lado, as ilusões são ferramentas de controle incríveis. A ilusão é a base da alienação.

CB — A Igreja...

A. — A Igreja, o Estado, os níveis de conhecimento, a família.

CB — Todos têm por princípio algum tipo de ilusão...

A. — O Deus que vai te salvar, a família que vai te apoiar, a fé que vai te curar, o Estado que vai garantir...

CB — Foi o que aconteceu com a antiga educação, que hoje é chamada de condicionamento.

A. — Sabe que, nesse caso, o Dr. Du Mec foi muito sincero quando assumiu o nome condicionamento e deixou bem claro e evidente quais eram as reais metas da educação. Aliás, está bem claro agora quais sempre foram as verdadeiras metas.

CB — O nível 00 está claramente segmentado em pagos e não pagos. Os não pagos estão falidos, os pagos condicionam bem. A segmentação social continua garantida.

A. — Nesse sentido, o Estado mantém uma ilusão de direito por meio das escolas do nível 00. Cria-se a sua ilusão de um direito, no caso, o direito à educação, a um tipo de condicionamento que finge ser democrático, enquanto mantém cada um em seu lugar: os ricos, que pagam por seus condicionamentos, passam por formações concorridas e continuarão ricos. Os filhos dos uniformizados têm a ilusão do direito à educação, uma educação propositalmente falida. O direito é uma mentira. Direitos concedidos pelo Estado não têm nenhuma função efetiva de direito. A função de um direito concedido é a ilusão de um direito que não é seu, e que só será seu se você o conquistar. Tenha seu poder e conceda direitos; conceda direitos e tenha seu poder garantido. É bem simples a fórmula da manipulação. A democracia soube fazer da sujeição um ato de benevolência e justiça. A vassalagem se tornou um bem adquirido não porque a respeitem, mas porque muitos direitos ilusórios a justificam. A democracia foi uma dessas grandes mentiras que se tornaram verdades absolutas. Não faço de conta que acredito. A democracia é uma mentira tão benfeita a que até hoje convence a todos, inclusive os intelectuais que se julgam críticos. A propósito, Jesus Cristo também foi uma dessas invenções bem-sucedidas que até hoje convence bilhões de pessoas. A farsa de Jesus tornou-se uma tragédia de grandes públicos. Foi muito convincente.

CB — Tenho a impressão de que tudo que nos rodeia visa à criação de ilusões, que nada mais são do que ferramentas de sujeição.

A. — Fala das antigas redes sociais, hoje realidades virtuais, dessa alienação tecnológica?

CB — Cria-se e vive-se dentro de personagens ilusórios, os quais adoecem as pessoas.

A. — O estado-virtual não tem rosto, não tem corpo e não tem nome, mas tem a mesma força do Estado. A vassalagem virtual também é uma grande mentira que se tornou verdade. Ela foi tão benfeita que os vassalos juram que são livres e felizes. Entre outras mentiras, o virtual concedeu o direito ilusório de ser outra pessoa, um outro alguém construído em imagens, exposições quase perfeitas e artificializações. A arte de criar outros nunca mais foi lembrada, não no sentido Pessoa, que se recriou em pessoas distintas, muito bem delimitadas em suas histórias e em suas representações de mundo.

CB — Ninguém se lembra mais de Pessoa. Aliás, nem sei se as pessoas se lembram mais do que é ser uma pessoa. Ninguém mais me parece uma pessoa.

A. – O estado-midiático ganhou forças desproporcionais, sujeitando até mesmo o estado-legalista. A sujeição midiática se mostrou muito forte com o surgimento e a popularização da TV. No começo era só a roupa e o cabelo da moça da novela que todos queriam imitar. Depois, o processo foi bem mais cruel. Só precisou de alguns avanços tecnológicos...

CB – E logo a burrice televisiva deu lugar à imbecilidade virtual.

A. – E a uma sujeição perigosa. No passado, vi lutas contra a opressão do Estado, críticas à alienação da Igreja. No presente, contudo, nunca vi lutas contra a opressão virtual. Se bem que nem há mais luta contra o Estado, já que ele é democrático, nem contra a religião, já que ela é uma forte vertente polarizadora.

(Ambos se calam e olham pela janela. O sol já desceu no horizonte e o vento parece mais forte)

CB – Tenho sessão de adestramento daqui a pouco. Não queria ter que ouvir o que ele vai dizer. Mas tenho que ir porque sou obrigado.

A. – Vai aplaudir o desafinado que é obrigado a escutar?

(Ambos sorriem achando graça)

CB – Exatamente. E sabe qual é o assunto? Ele vai falar sobre conhecimento e continuar afirmando, de forma impositiva, que os outros conhecimentos, como ele diz, como os populares, tribais, milenares ou mitológicos, não podem ser considerados conhecimento. Conhecimento deve ser provado, reproduzido e validado. Validado? Por quem? Pelos pares? Validado por quais propósitos? Essa é uma das formas de se conhecer. Mas o conhecimento pode ser simplesmente algo que faz sentido a um grupo, sem verificações, comprovações ou dúvidas. Lembra da história da estrela do umbu*?

(CB tem a face avermelhada. Quer exprimir mais ódio do que tristeza)

CB — Por favor, adestradores e condicionadores, não me imponham suas racionalidades e seus racionalismos unidirecionais nem queiram me convencer de que o conhecimento tem um padrão e que esse é o padrão. O seu banimento será em nome desse padrão.

(CB tem uma expressão exaltada, quer ser insolente, mas seus olhos parecem assustados. A. observa calado a exaltação do jovem, tem os dedos cruzados sobre os lábios. Ri com felicidade debochada)

A. — Mas eles vão fazer isso...
CB — E eu não vou aceitar.
A. — E eu não vou mais poder falar com você. Talvez isso seja bom. Não quero mais incentivá-lo a ser um futuro banido.
CB — Mas eu quero ser.
A. — De qualquer forma, não posso interferir no seu direito conquistado.
CB — Preciso ir.
A. — Também preciso ir...

CB levanta-se. A. permanece sentado. Na mudez da tarde, acenam silenciosos, em despedida.

(Cai o pano)

*Entre a população sertaneja, do norte baiano, o conglomerado estelar, conhecido como Plêiades, representa a "estrela do umbu". De acordo com a cultural local, a forma do conglomerado é parecida com o contorno do fruto e surge no céu noturno no período de floração do umbuzeiro.

Certa vez, um acadêmico explicou ao sertanejo o que representava, para a Astronomia, aquela formação estelar. O sertanejo, muito simpático, respondeu: "Que legal, professora! Eu não sabia. Mas aqui pra nóis, aquilo ali é a estrela do umbu!".

Quarto ato

CENA I

Na pequena sala de reuniões (sem janelas)

Duas semanas depois, estão reunidos Dr. Tulattes, Dr. Orcidney, Dr. Doi, Dr.ª Capesina e Dr. Du Mec. Convictos da necessidade do banimento de A., querem acelerar os trâmites do processo

(Dr. Tulattes muito simpático)

Dr. Tulattes – Agradeço a presença de todos. Nossos estudantes-secretários foram bem ágeis em encontrar em nossas agendas um momento para nos reunirmos. Temos nossas agendas abarrotadas de compromissos, com muitas outras reuniões, mas se trata de um assunto deveras significativo, por isso é muito bom tê-los aqui em prol de uma causa tão importante: nossa produtividade.

(Todos respondem em silêncio com gestos de concordância)

Creio que todos já sabem do que trata, mas farei uma breve explanação, ou melhor, chamarei Dr. Doi para me ajudar nessa tarefa, já que ele foi o que mais se debruçou nos últimos dias na formulação de uma nova normativa de banimento. Por favor, Dr. Doi, passo-lhe a palavra.

Dr. Doi – Obrigada, Dr. Tulattes. Mas devo lhe dizer que seu filho, futuro Dr. Tulattes, ajudou-me nessa elaboração. Ele não é só um expert em sua especificidade de pesquisa, como é expert em normativas. Será também um excelente gestor. Mas vamos ao que nos interessa. Vou projetar os textos, mas cada um dos senhores recebeu-os previamente. E como puderam ver, na verdade, fomos espertos e fizemos uma alteração na resolução, o que justifica e valida a elaboração de uma nova normativa, ou melhor, de um ato normativo, o ato normativo n.º 1.593, o Ato do Banimento.

(Todos esboçam uma expressão de respeito)

Um aspecto bastante significativo foi associar os parâmetros confeccionados pelo Dr. Du Mec com os índices de produtividade elaborados pela Dr.ª Capesina. Com esses balizadores pudemos fundamentar a mudança na resolução, que agora obriga a produção do conhecimento quantitativo, considerando nossos medidores como as únicas ferramentas. Alterando a resolução, também incluímos os limites de transgressões, os quais, quando ultrapassados acima do nível padrão, podem levar direto ao banimento, sem a necessidade da abertura prévia de um processo administrativo.

Dr. Orcidney — Foi nesse ponto que tive algumas dúvidas, Dr. Doi. Em quais casos em especial, ou o que podemos somar, que justifique um banimento imediato? São colocados vários aspectos que podem ser somados, inclusive, quanto às roupas que veste. Muito interessante, mas algumas partes poderiam ficar mais claras. Quero dizer que podemos ser mais objetivos. Ao encaminhar a mudança regimental e o ato n.º 1.593, já podemos incluir uma lista com os possíveis casos de banimento, ou seja, situações que já se enquadram no novo regimento, como no caso de A.

Dr. Doi — Sugere que encaminhemos para votação um pacote completo, para ser votado tanto o ato de banimento como a indicação do primeiro banido, como se fosse uma espécie de exemplo de casos e situações que podem levar ao banimento?

Dr. Orcidney – Exatamente. Podemos, inclusive, ajustar melhor os pontos dos quais lhe falei, tomando como base os comportamentos que queremos banir. A ideia é ajustar a normativa de trás para frente. Usamos tudo que queremos banir, tomando as ações de A. como ponto de partida para ajustar o regimento. Assim, a gente consegue encaminhar os documentos já com o primeiro banimento.

Dr. Du Mec – Muito prática e funcional a sua ideia, mas temo que isso possa ser visto como uma perseguição e ainda deixe A. numa posição de heroísmo. Vocês sabem, todo esse merchandising de diversidade e pluralidade faz com que tenhamos que aguentar discursos e comportamentos nada produtivos e, muitas vezes, dramáticos.

Dr.ª Capesina – Concordo, Dr. Du Mec. O vitimismo ou a velha síndrome do perseguido (*sorri irônica*) podem nos ser desfavoráveis. Essas minorias perdidas têm a força de um lamento frágil, não a força de um currículo de produções, como nós temos. Ainda bem que os índices quantitativos de conhecimento têm mantido distantes esses pensadores...

Dr. Orcidney – Pensadores inúteis...

(*Sorri com ironia compartilhada. Dr. Du Mec fica mais exaltado, estufa o peito, gesticula de forma inquieta e eleva o tom de voz*)

Dr. Du Mec – E quem está falando aqui é Dr. Du Mec, Dr.ª Capesina, Dr. Doi, Dr. Orcidney e Dr. Tulattes. Quem será contra nós? Somos nós que damos as cartas, que temos as rédeas. Todos sempre concordam, e mesmo que não concordem, sempre fazem o que mandamos. Não vejo nenhuma razão para nos preocuparmos. Somos os que fazem os baremas, os que estabelecem parâmetros, os que criam índices. Somos os que impõem padrões e os que montam grades. Tudo é como queremos. Somos os balizadores e os mensuradores do conhecimento. Todos nos obedecem e estão do nosso lado. Lembrem-se de quem somos. E somos o Estado. Somos os que concedem direitos e estabelecem deveres. Montamos os tabuleiros e fazemos a regra do jogo.

(*Os semblantes se modificam. Todos agora têm expressões altivas*)

Dr. Tulattes — Dr. Du Mec tem razão. Críticas isoladas de alguns poucos não vão interferir na decisão da maioria. Somos os que decidem por isso, sempre nos apoiam. E aqueles que nos negam, já começam a ser banidos. Afora alguns poucos desajuizados, teremos o apoio da maioria e é isso o que importa. Não temos mais nenhuma incerteza burocrática. O que temos é a nossa vitória plenamente, pluralmente e democraticamente exercida.

(*Franze a testa e encara seus colegas*)

Dr.ª Capesina — Acima de tudo, temos a razão do nosso lado. Qualquer um que de fato se preocupe com o futuro do conhecimento estará do nosso lado. E não queremos que o conhecimento seja guiado por irresponsáveis, que não se importam com a produtividade quantitativa. Esses subversivos, que ainda aderem ao sistema discipular, que insistem em produzir pensamentos e que não querem produzir artigos, vivem de forma assíncrona, estão deslocados do nosso tempo. Eles não entendem que muito mais importante do que criticidades e reflexões, temos que aplicar o conhecimento e dar a ele funcionalidades. Eles não têm razão e sabem que seus argumentos são facilmente derrubados pela maioria.

(Dr.ª Capesina repete o gesto do colega. Franze a testa e retribui o olhar altivo, carregado de certeza e prepotência)

Dr. Doi — Enquanto os ouvia, de certezas e de ideias fui me enchendo. Vou ler para os senhores algumas das modificações que fiz e que se ajustam perfeitamente às sugestões que fizeram e ao texto que precisamos.

No fim da tarde, os documentos já estavam prontos. Foram ágeis e como senhores bem articulados, conseguiram, no final da tarde seguinte, uma audiência com a Dr.ª Reitolhia.

****

CENA II

No gabinete da Dr.ª Reitolhia

Todos estão reunidos com a Dr.ª Reitolhia, já plenos de suas persuasões. Seus argumentos já se tornaram uma normativa e sabem do poder de uma normativa e do controle que podem exercer.

Dr.ª Reitolhia — É um grande prazer recebê-los. Até me assustei quando uma das minhas estudantes-secretárias consultou-me dizendo que vocês precisavam de uma audiência comigo com urgência. Pedi a ela que desmarcasse uma audiência com um grupo de estudantes e que colocassem vocês no lugar. É claro, vocês são prioridade, sem dúvida, e era só um grupo de meia dúzia de disciplinados questionando a obrigatoriedade dos testes de múltipla escolha. Esses coitados querem até fazer uma campanha entre os alunos contra marcar x, como eles dizem. Não vão conseguir nada com seus murmúrios isolados. Todos os alunos estão adorando os testes de múltipla escolha. Mas quando se está à frente de uma gestão, ou quando todos acham que os representamos, temos que ouvir todos.

(Dr.ª Reitolhia está muito simpática, alegre e falante. Recebe o grupo com contentamento, de uma forma quase efusiva)

Dr.ª Reitolhia – Mas digam o que os trazem ao meu gabinete. Estou bastante curiosa. Geralmente os recebo individualmente, ou em duplas, mas hoje tenho a honra de receber todos aqui. Imagino que, vindo de vocês, só pode ser algo muito interessante.

Dr. Tulattes – Sem dúvida, Dr.ª Reitolhia, para nós também é uma grande honra estar na sua presença. Contudo temos um assunto um pouco delicado para tratar e queremos sua compreensão e, principalmente, seu apoio. Por favor, vou pedir ao Dr. Doi que faça uma breve explanação.

Dr. Doi – Obrigada, Dr. Tulattes, e saudações à senhora, Dr.ª Reitolhia. O fato é que depois de constatarmos comportamentos repetidamente transgressores em nosso espaço de adestramento, associados a atos de contestação regimental e a uma baixíssima produtividade quantitativa, refletimos sobre o futuro do conhecimento e achamos por bem criar um novo Ato Normativo de Banimento, que recebe a numeração, Ato n.º 1.593.

Dr.ª Reitolhia – Quando se referem a esses comportamentos transgressores e ao não cumprimento dos nossos regimentos, sei a que pessoas se referem. São poucos, mas se não cumprem nossas leis precisam ser punidos. Só não sei como conseguiram fazer do banimento uma punição para os que se negam a seguir os regimentos.

Dr. Doi – Porque, Dr.ª Reitolhia, as infrações que essas pessoas cometem estão muito além de seus descasos regimentais. Ao se negarem a aceitar os regimentos e ao se oporem aos padrões de adestramento, prejudicam a formação dos estudantes para o mercado de trabalho. Eles incentivam o pensamento e a crítica, e sabemos que a criticidade é abolida no nível 02 e execrada nas empresas. Eles, portanto, podem causar sérios danos a tudo que temos planejado e nos esforçado para construir.

Dr.ª Reitolhia — Eu entendo perfeitamente. Inclusive, os estudantes que falariam hoje comigo sobre a campanha contra a padronização dos testes, são pobres coitados, influenciados por pensamentos transgressores, como os do A. Esses jovens não serão condicionados e estarão sempre à margem, perdidos, não se adequando aos padrões de trabalho.

Dr. Doi — Fizemos um excelente documento, muito bem estruturado, e com todos esses aspectos contemplados. Também achamos que já seria hora de adequarmos o antigo regimento, que tratava do banimento. Ele já estava bastante obsoleto, não incluindo os atuais propósitos acadêmicos, tais como a produtividade e as nossas condutas não transgressivas. Há muito já vencemos esses idealismos subversivos.

Dr.ª Capesina — E apenas reforçando o que disse o Dr. Doi, nos níveis 02 e 03, os quais eu coordeno e estabeleço as diretrizes, não aceitamos elementos como A., primeiramente porque não têm produtividade suficiente, e mesmo que tivessem, o que duvido, criaríamos uma forma de evitá-los nos níveis 02 e 03, pois não precisamos nem queremos críticas ou questionamentos, visto que apenas atrapalham a objetividade que os trabalhos acadêmicos devem ter. Mas nunca tivemos esse problema, nem teremos, porque elementos como A. não têm produtividade suficiente para ser um de nós.

(*Sorri de forma desdenhosa e presunçosa, e Dr.ª Reitolhia a imita*)

Dr. Tulattes — Concordo plenamente com as palavras dos meus colegas. Depois que a senhora ler o Ato Normativo n.º 1.593, o novo Ato do Banimento, creio que todas as suas dúvidas serão esclarecidas. E considerando o seu profissionalismo e a sua ética exemplar, sei que nos apoiará.

Dr.ª Reitolhia — Sou uma profissional muito ética sim, Dr. Tulattes, e pelo que já entendi da proposta, com certeza apoiarei. Por falar de ética, há alguns meses recebi algumas denúncias contra esse elemento chamado A., que conheço de outros problemas por ele já causados. Dessa vez, a denúncia não é somente por ele não seguir os padrões dos testes, é sobre suas falas contra Deus e a família, e também por ele usar ervas ilegais na companhia de estudantes e discipulados. São denúncias graves, que os senhores já devem estar a par.

Dr. Du Mec — Ele também me difamou perante o auditório. Por sorte, ninguém lhe dá ouvidos. Mas ele disse que eu erro com frequência, que as reformas por mim propostas não contribuem em nada e, ainda por cima, são reformas ruins. Em outras palavras, chamou-me de incompetente. É muita petulância.

Dr.ª Reitolhia — Nossa, Dr. Du Mec, ele disse isso sobre o senhor? É muita petulância, sim. Sempre achei que ele devia ser punido. Mas por que os senhores pensaram em banimento? Podemos expulsá-lo e ele será imediatamente rebaixado para o nível 00.

Dr.ª Capesina — Não o queremos em nível nenhum.

Dr. Du Mec — Não queremos e ele não se enquadra em nenhum nível. Temos novas regras de adestramento para o nível 00, as quais ele não cumprirá. Não podemos admitir profissionais que não cumpram os padrões que nós estabelecemos.

Dr.ª Reitolhia — Concordo, Dr. Du Mec. É porque banimento sempre soou como algo extremo, raro, mas assim como já começo a entender a necessidade dele, os demais pesquisadores e condicionadores também entenderão.

Dr.ª Capesina — Entendo seu espanto inicial, Dr.ª Reitolhia, mas o banimento é exatamente o que se encaixa em nossos propósitos. Queremos eliminar pessoas como A. para aprimorarmos nossa produtividade.

Dr. Orcidney — Precisamos eliminar pessoas como A. porque todos devem seguir os padrões sem questionar ou contestar. Os que se negam a seguir serão banidos. Acho que é bem simples a regra.

Dr. Tulattes — Não é uma pena fácil. Há uma diferença muito grande entre o autobanimento existencial e o banimento oficial. A. orgulha-se muito do seu autobanimento filosófico. Se os trâmites seguirem, será formalizado o ato e ele será oficialmente banido, com todas as consequências de um banimento oficial. Como não queremos que A. se torne mártir, Dr. Doi já cuidou desse detalhe também.

Dr. Doi — Leia o documento e com certeza nos apoiará, Dr.ª Reitolhia.

Dr.ª Reitolhia — Não tenho dúvida, Dr. Doi. Manterei os senhores informados e creio que em breve já encaminharei para apreciação e votação. Contem comigo, doutores. O banimento será acatado pela maioria, sem maiores transtornos e indagações.

Despedem-se formalmente com apertos de mãos.

(Cai o pano)

Quinto ato

O banimento

Estão todos reunidos no auditório central. Quem preside a sessão é a Dr.ª Reitolhia. Os representantes de áreas já têm seus votos estabelecidos entre os pares. O trâmite foi muito rápido. Durante as semanas em que o ato n.º 1.593 foi apresentado às áreas e aos órgãos, muito se comentou nos corredores. No geral, ninguém se espantou, a maioria era claramente de acordo; outros eram indiferentes e alguns poucos se indignaram. A sessão extraordinária é aberta ao público. Nada temem e sabem que já são vitoriosos. A. não está presente.

Dr.ª Reitolhia — Agradeço a presença de todos os doutores e todas as doutoras nesta sessão. Temos um assunto muito importante para tratarmos, um assunto que diz respeito ao nosso futuro, ao futuro do nosso conhecimento. Muitos dos que estão entre nós ainda não compreenderam que o conhecimento não é e nunca foi livre. Se o conhecimento fosse livre como pensam e desejam alguns, não teríamos alcançado os avanços tecnológicos dos quais hoje usufruímos. Temos, pois, aqui em mãos, alguns documentos importantes que já foram apreciados, discutidos e votados entre os pares. Faremos uma breve apresentação, em seguida abriremos para discussão e, por fim, os votos serão apreciados e contabilizados. Convido, portanto, o Dr. Tulattes para uma breve explanação.

(Com grande empáfia e bem-humorado, Dr. Tulattes sobe ao púlpito. Todos aplaudem)

Dr. Tulattes – Obrigado a todos. Nas últimas semanas, os senhores tiveram acesso a documentos bastante relevantes e precisamos conhecer as causas dessa relevância. Embora, acredito, os senhores já a tenham compreendido. Contudo é necessário discorrer sobre as razões que nos levaram a tal elaboração. Essas razões estão diretamente relacionadas aos rumos que adotamos e pretendemos seguir diante de todo conhecimento, em especial das ciências, sobre as quais todos aqui são doutores, detentores do saber.

(Faz uma pausa, aprecia os semblantes mudos e prossegue)

Dr. Tulattes – Antes de prosseguir, contudo, gostaria de agradecer ao Dr. Doi pelo seu dedicado empenho na elaboração dos documentos, bem como pela colaboração valiosa dos aqui presentes, Dr. Orcidney, Dr. Du Mec e Dr.ª Capesina. Como viram, fizemos uma alteração na resolução de produtividade e vimos a necessidade da criação do ato normativo n.º 1.593. Sabemos, senhores, que banimento é uma questão bastante delicada e que desejamos não ter que recorrer a ele. No entanto, em nosso meio, temos identificado algumas atitudes subversivas e indisciplinadas que ferem nossos princípios científicos e nosso padrão de conhecimento. Não se trata de uma questão de julgamento, trata-se de uma necessidade de objetivarmos o que almejamos para o futuro do conhecimento e de traçarmos nossas metas diante da produtividade, pela qual temos feito tantos esforços para alcançar.

(Do fundo da plateia, uma voz feminina grita: "Farsante!". Todos olham com reprovação. Dr. Tulattes finge que nada aconteceu)

Dr. Tulattes – Alguns relutam a aceitar nossos objetivos, insistem em manter o ensino disciplinado, com leituras, críticas, pensamentos e discussões, sem que isso gere qualquer conhecimento produtivo. Negam a compreender a necessidade de mensurarmos o conhecimento científico e querem deturpar e confundir os propósitos dos que poderiam ser futuros bom condicionados. Sabemos que se tolerarmos essa vertente subversiva não alcançaremos os patamares desejados. Não é uma questão de exclusão por preconceito, que fique bem claro, é uma questão de exclusão pelo bem que queremos para nosso futuro e para nossos jovens. Queremos um futuro padronizado e condicionado pelo bem de todos nós.

(Dr. Tulattes mira o público com olhos altivos de pregador. Está satisfeito com o semblante da plateia)

Dr. Tulattes — E se queremos bons condicionamentos e bons adestramentos, não podemos tolerar em nosso meio os que pensam diferente. Digo isso não porque discriminamos o diferente. Muito pelo contrário, respeitamos o diferente, por isso somos um espaço plural e democrático, como todos sabem.

(A mesma voz exalta-se do fundo do auditório: "Mentiroso!")

Dr. Tulattes — Há, contudo, fundamentos e regras, padrões e resultados que não podemos burlar, deturpar, debochar ou simplesmente ignorar que existem. Esse tipo de atitude não é uma diferença, é uma irresponsabilidade, e irresponsáveis devem ser banidos.

(A jovem do fundo levanta-se, aponta para Dr. Tulattes e diz: "Você é um tirano". Então pega sua mochila colorida e retira-se)

Dr. Tulattes — Estão vendo, senhores. Acabamos de vivenciar um exemplo do que não queremos para o nosso ambiente de saberes. Essa jovem não condicionada exaltará sua crítica, acreditará em sua subversão e talvez seja para sempre uma excluída por opção. Creio que assim como eu, os senhores não querem que esses modos se alastrem. Diante da cena ocorrida, não preciso mais delongar minha fala, visto o grande exemplo que aqui tivemos. Era disso que eu falava para os senhores. Não me delongarei e agradeço a atenção dos senhores.

Dr.ª Reitolhia – Obrigada, Dr. Tulattes. Antes de apresentarmos os votos, gostaria de abrir aos representantes de áreas e setores aqui presentes.

Representante de área – Já tem previsão de quando outros processos de banimento serão encaminhados?

Dr.ª Reitolhia – Mas ainda nem apresentamos os votos, senhor.

Representante de área – Acho que podemos fazer isso logo.

Dr.ª Reitolhia – Outro representante quer se manifestar?

Representante de setor – Concordo que devemos apresentar os votos. Já discutimos muito esse assunto em nossos espaços e há um consenso entre nós.

Dr.ª Reitolhia – Certo, representantes. Então peço que entreguem o consenso ao secretário terceirizado e que ele o traga para mim.

(*De posse do consenso, Dr.ª Reitolhia coloca os óculos e o lê*)

"Esta comunidade de saberes legitima o Ato Normativo n.º 1.593, que autoriza o banimento e torna pública a decisão de encaminhamento, considerando o primeiro banido já formalizado, seguido de outros três processos em análise".

Dr.ª Reitolhia – Conclui-se, então, que o Ato n.º 1.593 foi democraticamente aprovado por maioria e A. está oficialmente banido.

(*Há aplausos e euforia na plateia. Alguns poucos se levantam e retiram-se do auditório, entre eles o jovem CB que rapidamente retorna apreensivo e ofegante, como se do lado de fora algo o tivesse assustado. Dr.ª Reitolhia tem um ar soberbo e riso frio, como um político às vésperas da eleição*)

Dr.ª Reitolhia — Por favor, senhores, um minuto. De acordo com nossos princípios democráticos, A. tem o direito, dado por nós, de recorrer à nossa decisão. Hoje pela manhã, contudo, recebemos uma mensagem de A., dizendo: "Não contestarei nenhuma decisão nem os agradeço pelo direito de recorrer". De acordo com as antigas normas de banimento, teríamos que cumprir agora o rito do banimento, com um grito coletivo de expulsão. Contudo, como nas últimas décadas evoluímos muito, por respeito aos direitos humanos e por se tratar de um ato ultrajante, retiramos a obrigatoriedade do rito. Dessa forma – e em nome da civilidade – nosso grito de expulsão fica expresso no Ato Normativo n.º 1.593.

(*Dr.ª Reitolhia esboça um sorriso que logo se fecha. A porta do auditório abre e uma voz conhecida vem do fundo. A plateia olha para trás. É A. Tem uma expressão enfurecida, mas sorri com desdém e sua fala é mansa*)

A. — Fiquem à vontade, senhores. Soltem seu grito de expulsão. Por favor, quero ouvi-los entoando um coro. Quero que gritem com bastante força. Por favor, estou aqui. Cumpram o rito.

(*Todos permanecem calados. Estão surpresos com a presença repentina do banido. A. caminha lentamente pelo corredor do auditório*)

A. – Estou banido, mas não me sinto humilhado. O rito não foi sacramentado. Coloco-me, pois, à disposição para ser depreciado pelos senhores e pelas senhoras. Não querem me humilhar? Por favor, não façam cerimônia. Gritem! Apenas gritem e me façam um vilipendiado. Cumpram o rito!

(Dr.ª Reitolhia está meio pálida e diz qualquer coisa educada)

Dr.ª Reitolhia – Não queríamos criar qualquer constrangimento...

(A. para diante do púlpito e sorri ironicamente para Dr.ª Reitolhia)

A. – Não queriam? Não queriam? Fica tranquila, doutora. Vocês não criariam qualquer constrangimento. Estou banido, não estou? Banidos não se constrangem e não me sinto ofendido. Desonrado fui quando estive entre vocês, banido me dignifico diante de vocês.

(Dr.ª Reitolhia tem os olhos espantados e sem saber o que dizer usa um clichê qualquer)

Dr.ª Reitolhia – É que pessoas banidas ainda são humanas...
A. – Nossa, Dr.ª Reitolhia, que sensível da sua parte! A senhora é realmente um exemplo de ética e respeito às minorias. Imagine que quase fiquei comovido com sua fala. No seu discurso vemos quão altaneiros são seus gestos. Aliás, sempre admirei sua pluralidade democrática, Dr.ª Reitolhia.

(A. esboça um riso de rancor e petulância, gira o corpo e coloca-se virado para a plateia)

A. — Dr. Tulattes, que satisfação em vê-lo aqui. Por que não faz as honras? Solte seu grito! Quer ajuda do Dr. Doi? Quem sabe o Dr. Du Mec não o encoraje? Conto com a coragem de vocês. Gritem! Cuspam em mim! Rasguem minha roupa! Não eram assim os ritos antigos de banimento?

(*Dr. Tulattes e os demais sentem raiva e estão constrangidos. Dr. Doi manifesta-se*)

Dr. Doi — Sim, mas agora temos respeito pelo outro...

(*A. gargalha quase perdendo o fôlego. Acalma-se, respira e olha para a plateia com desprezo. Muitos se levantam e retiram-se. CB está em pé, no fundo do auditório, estampa um sorriso incrédulo, tem o peito ofegante e um sentimento triunfante*)

A. — Vossas moralidades não me servem. Banido, sigo palmilhando pelo mesmo deserto em que sempre estive. Os senhores continuam soberbos em seus saberes e eu continuo pleno em meu nada...

(*Incomodado, Dr. Tulattes fala baixa e pausadamente*)

Dr. Tulattes — É preciso, A., que você entenda...
A. — Fique com seus entendimentos, Dr. Tulattes. Suas lógicas regimentais, nunca quis entender. Antes de me banirem já os havia banido de mim. O banimento que me concedem é tardio. Muito antes fiz o meu banimento, um abrigo e meu postigo para portas que vocês nunca abrirão. Nessa barca subo sozinho. Das suas ilhotas não me verão e também não os verei da minha imensidão. Renunciei a vocês e vocês me renunciaram, mas nunca renuncio a mim. À minha frente tenho agora o fim. E depois do fim, a liberdade. Esgotadas as

possibilidades fico plenamente salvo. Banido, sinto-me oficialmente liberto. Por nada e em nada alicerço a minha criação. O que tenho é minha vontade e ela me basta. No mundo que sou, não cabe o que há; no mundo que há, não cabe o que sou. Não fiquem assim, tão constrangidos. Por que tantos semblantes sérios? Troquem a máscara. Riam. Divirtam-se. Sou apenas um ridículo homem revoltado, um ser de subsolo que, parvamente, ensaiou esta cena, e que agora celebra sob seus semblantes assustados. Nem tragédia, nem comédia, em cena só o infame. Portanto riam de mim à vontade, não por comicidade, mas pela insignificância. Riam de mim como riem de um bobo, o pobre banido, desiludido, sem destino, o bobo da corte desajeitado, encenando num drama mal escrito e sempre ensaiado. Feito o bobo liberto, o parvo esquecido, agora sou eu que me divirto. Viro as costas e rio dessas caras de espanto, dos olhares aturdidos que anunciam o banido.

A. caminha até a porta e deixa o auditório.

(Cai o pano)

Fim

A Farsa da Unha Encravada

Prólogo: uma homenagem

Essa farsa não é baseada em um caso real. Ela é só uma zombaria mal-humorada de muitos casos reais. Não é uma farsa do ponto de vista cênico formal. Também não é uma história inventada sobre uma unha encravada. Geralmente, unhas encravadas são verdadeiras. A medicina, não.

Essa farsa é, portanto, uma homenagem a todos aqueles que um dia foram ultrajados pela medicina. Por essa medicina falida e quantitativa, representada por seus doutores de jaleco branco, com seus carrões importados e seus egos inflados.

Nada pessoal, prezados doutores. A sorte dos senhores é que o mundo está muito doente e quer remédio, e vocês são quem os prescrevem.

Pobre medicina, só não a perdoo, mesmo sabendo que não sabe o que faz. Não a perdoo porque não é apenas ignorante, é ardilosa e vai manter-se no pedestal social, criando futuros imbecis robotizados que usam jalecos.

Essa farsa não é de mentira. A medicina é uma farsa real e louvável, bem paga e muito verdadeira.

Nessa farsa é lhe dada a devolutiva, medicina, e com muito asco e uma pitada de ironia retribuo sua incompetência e seu olhar de arrogância.

Até poderia escolher, citar nomes, mas não acuso nenhum médico em especial. Mesmo porque, nenhum médico tem nada de especial. Qualquer médico representa a própria legião das vaidades, ardendo em arrogância em seus consultórios climatizados e pelos corredores decadentes do SUS.

    Parabéns, medicina! Quem fala é só mais uma assalariada vilipendiada pelos doutores de jaleco. Quem fala, fala por todos os que tiveram suas dignidades amputadas.

Personagens

Aurora
D. Matilde (a manicure)
D. Betânia (mãe de Aurora)

Empresa
Chefia
Colega

Núcleo médico
Dr. Ortopedista, *um homem alto, corpulento, de olhar sério e objetivo. Suas consultas são rápidas. Sua prática limita-se a pedir um exame de raio-x.*

Dr.ª Dermatologista, *nem muita alta, nem muito magra, uma adulta com modos de jovem, de aparência simpática. Não gosta de feridas nem de verrugas. Prefere aplicar botox.*

Dr. Angiologista, *um jovem senhor gentil, muito comunicativo. Suas consultas são demoradas. Adora falar com os pacientes desde que o paciente não fale. É um exaltador da medicina, um aclamador dos doutores, e sabe ser cansativo.*

Dr.ª Infectologista, *uma senhora magra, de estatura baixa, sorridente e de aparência honesta. Doce e quase humilde em seu consultório particular. No Sistema Súdito de Saúde, entre aprendizes e funcionários, tem posto de rainha. Dos pacientes só se aproxima quando supervisiona cirurgias, mas só as que lhe interessa.*

Secretária da Dr.ª Dermatologista
Secretária da Dr.ª Infectologista
Atendente do balcão 1
Aprendiz de doutor
Aprendiz de doutora

Primeiro ato

CENA I

Na manicure

D. Matilde lixa as unhas do pé de Aurora. Concentrada nos dedos da freguesa, tem a cabeça baixa e conversa com D. Betânia, mãe de Aurora. Falam do passado e de unhas encravadas. Aurora pouco se lembra dela. Muito eventualmente visita os familiares, não porque os desprezer, mas também não os zela suficientemente para visitas regulares.

D. Betânia – D. Matilde, há muito tempo não via a Aurora, não é?

D. Matilde – Ela tava começando a ficar moça quando a vi.

D. Betânia – Isso foi há uns quinze anos, eu acho. Como o tempo passou rápido, não foi, Matilde?

D. Matilde – Nem tanto...

Aurora – A senhora me conhece há muito tempo, então?

D. Matilde – Desde que era menina de colo. Conheci sua avó e sua mãe na infância.

D. Betânia – Aurora estudou Economia na capital, já fez até mestrado, e trabalha hoje numa multinacional.

D. Matilde – Você gosta de morar de lá, Aurora?

(D. Matilde pergunta com voz calma. Mantém a cabeça baixa e os olhos no pé da moça)

Aurora — Eu gosto! Lá tem tudo que preciso. Lá tem serviços de entrega e transporte muito rápidos, tudo por aplicativo, muito simples. Lá você pode comprar qualquer coisa, de inteligências alienantes (IA) de última geração até sintéticos do mundo todo. Essas coisas todas são caras, mas quando somos bem condicionados, também somos bem-sucedidos e podemos ter acesso a tudo isso.

D. Matilde — E do que mais precisam?

Aurora — Bons serviços de rede, bons programas de imagens que nos tornem lindos, felizes e comunicativos. E, é claro, farmácias, bons médicos de todas as especialidades, bons dentistas de todos as áreas. Na cidade grande tem tudo isso e a empresa ainda paga um excelente plano de saúde para seus funcionários dos graus refinados.

D. Matilde — Você não viveria aqui de novo, de forma alguma?

Aurora — Aqui não tem o que eu preciso.

D. Matilde — É verdade. Pelo que disse, você precisa de bastante coisa pra viver.

D. Betânia — Ela teve uma excelente preparação, foi adestrada pelos melhores professores-adestradores daqui, desde o maternal. Foi muito bem condicionada, mal chegou aos 30 anos e já é uma profissional de grau refinado. Imagine ter tudo isso que ela disse com essa idade.

D. Matilde — Não imagino... É muita coisa para imaginar!

Aurora — E a senhora, D. Matilde, já é manicure há muito tempo, não é?

D. Matilde — Desde os 13 anos. Já tô com quase 70.

Aurora — A senhora foi manicure da minha avó, não foi?

D. Matilde — A vida toda D. Aurora foi minha cliente. A mais ninguém ela confiava aquela unha do meio. Não era o dedão. Se não cuidasse, encravava, e só eu sabia dar jeito.

Aurora — Eu era bem criança, mas me lembro de vir aqui com minha mãe.

(*D. Matilde continua na mesma posição. Cabeça baixa e olhos concentrados no pé da moça*)

D. Matilde — Ela ainda vem cuidar da unha aqui, não é, Betânia? Mas agora só pinta. Nunca mais encravou.

D. Betânia — Nunca mais. O meu era o dedão.

D. Matilde — Igual ao seu pai. E quando encravava, eu sabia o que fazer e fazia. Não sei se passa de uma geração para outra.

(*Aurora sorri de forma debochada*)

Aurora — Geneticamente? Não. É claro que não. Não faz sentido. A minha unha, ainda bem, nunca encravou. Ultimamente tem doído o canto do mindinho e um pouquinho o dedinho do lado.

D. Matilde — Mindinho também encrava.

Aurora — A podóloga disse que não. Ela falou que só o dedão é que encrava. Ela disse que pode ser da minha postura. Eu uso muito sapato de salto no trabalho e às vezes aperta um pouco nesses dedos menores. Pode ser por causa disso.

D. Matilde — Pode ser.

D. Betânia — Eu já disse para a Aurora procurar um médico na capital para ver esses dedos. Já faz um tempinho que ela está reclamando. E ela tem um plano de saúde excelente, pago pela empresa. Dá pra ela ir nos melhores médicos da capital se quiser. Devia ir, não é, Matilde?

D. Matilde — Não sei. Só sei é que perdi minha conta nesta vida de quantas unhas desencravei. Dedão, dedinho, do meio, até da mão. Não sei por que, mas eu sempre levei jeito pra desencravar unha.

Aurora — A senhora fez curso de podologia?

D. Matilde — Não, minha filha, nunca fiz curso nenhum. Não sei como foi que aprendi, mas sei que sempre deu certo.

Aurora — Hoje em dia é diferente. Não adianta só saber fazer, tem que ter uma formação ou, pelo menos, um bom curso. A senhora devia fazer um curso de podologia. Na capital, a senhora teria problema por não usar luva e jaleco.

D. Matilde — Talvez, mas tô bem longe de lá.

Aurora — Ai, ai... É bem aí, D. Matilde. Aí, bem nesse cantinho. Não mexe, por favor, que dói.

D. Matilde — Um dia vai ter que mexer. Elas estão encravando. O mindinho é frágil, dá problema bem rápido. O dedo do lado também. É dedo miúdo.

Aurora — A podóloga disse que não é nada. Deve ser a minha postura ou alguma coisa na coluna. Segundo ela, não tem nada a ver com a unha. E ela já fez vários cursos de podologia. Até fora do país.

D. Matilde — É por causa do formato do seu pé. É igual ao pé da sua avó. O sapato aperta o dedinho, não o dedão. Mas se a moça que aprendeu no exterior disse que não, ela deve tá certa.

D. Betânia — Você vai no médico ver isso. Procura um ortopedista.

Aurora — Tá bom, mãe. Eu vou no ortopedista.

D. Betânia — Vai sim, minha filha. Chegando lá já faz isso porque não é de hoje que você se queixa desses dedos.

(*Aurora já nem olhava mais para sua mãe e respondia mensagens no celular*)

D. Matilde — E do Seu Jeremias, Betânia? Tem notícia? Ele tava bem doente. Teve um derrame, foi a filha dele quem me disse...

(...)

D. Matilde continua de cabeça baixa, concentrada nas unhas de Aurora. Continua sua prosa com D. Betânia sobre casos da vida alheia, enquanto Aurora usa o celular.

(Cai o pano)

Segundo ato

CENA I

No consultório do Dr. Ortopedista

Aurora está em consulta com um dos melhores ortopedistas de um dos melhores hospitais do país. Logo que voltou à capital ela já tentou, mas foi difícil conseguir um horário para sua consulta. Precisou esperar mais de um mês. Está na sala de espera. Depois de uma hora é atendida.

Dr. Ortopedista — Há quanto tempo sente essa dor?

Aurora — Há uns três meses.

Dr. Ortopedista — E tem piorado?

Aurora — Depende do dia ou do sapato que eu uso.

Dr. Ortopedista — Mas o sapato não tem nada a ver com o problema. Aparentemente, está tudo bem do ponto de vista ósseo, mas vou pedir alguns exames de raio-x para eu avaliar melhor a estrutura do dedo do seu pé. Fale com minha residente-secretária que ela vai te indicar a melhor clínica de exames de imagem, com os melhores equipamentos de raio-x, principalmente para analisar um caso como o seu.

Aurora — Um caso como o meu?

Dr. Ortopedista — Porque ele não parece ser ósseo. Precisa ser investigado, talvez por outros médicos. Pode ser um caso raro de onicocriptose. Mas não vamos nos antecipar. Faça os exames e veremos.

Aurora — Certo. Obrigada, doutor. Vou fazer os exames. Mas o que é...

(Aurora quer perguntar, mas o médico já se levanta. Aurora também se levanta)

O Dr. Ortopedista já abria a porta, acenando em despedida formal. Tinha pressa. Outro paciente já era anunciado. Foi uma consulta bem rápida, não durou mais do que dez minutos, mesmo assim Aurora achou o Dr. Ortopedista muito bom. Ele pediu corretamente os exames e tratou seu caso como especial, o que, para ela, representava, até então, cuidado e atenção da parte de um médico.

****

CENA II

Um mês depois, Aurora volta ao consultório do Dr. Ortopedista

Dr. Ortopedista — Seus raios-x parecem normais do ponto de vista ósseo.

Aurora — Então está tudo bem?

Dr. Ortopedista — Os ossos, sim, mas tem uma sombra...

Aurora — Uma sombra?

Dr. Ortopedista — Isso precisa ser investigado.

Aurora — E isso pode ser o quê? O que essa mancha indica?

Dr. Ortopedista — Não tem como saber pelo exame de raio-x. Além disso, essa sombra que aparece não indica nenhuma relação com a estrutura óssea do seu dedo.

Dr. Ortopedista — Pode ser um caso de onicocriptose no mindinho. É raro, mas pode acontecer.

Aurora — E o que seria essa onicri...?

(*Mas o médico a interrompe*)

Dr. Ortopedista — Deve procurar uma dermatologista. Vou te indicar uma das melhores dermatologistas da capital. Na verdade, é a segunda melhor. Mas a melhor não atende por nenhum plano de saúde e está fora do país.

Aurora — Ela deve ser muito boa mesmo.

Dr. Ortopedista — Ela é excepcional, mas essa médica que vou te indicar também é excelente. Aqui está o nome dela. Ela atende neste mesmo centro médico. Se eu fosse você, iria agora mesmo marcar a consulta, porque ela é muito concorrida. Vou fazer um encaminhamento pelo sistema do seu plano de saúde. Boa sorte.

E assim como na primeira consulta, ele apressa-se a encaminhar Aurora à porta, despede-se com um sorriso simpático e a secretária já anuncia outro paciente. Aurora vai até a outra ala do centro médico, no consultório da dermatologista. O dia está quente, o sapato aperta e o dedo dói. Há alguns dias não consegue mais disfarçar e começa a mancar.

****

CENA III

No balcão de atendimento da Dr.ª Dermatologista

O consultório está cheio, mas uma das secretárias está livre. Está uniformizada e atende por telemarketing também. Aurora vai até o guichê. A secretária olha para a tela.

Aurora — Por favor, preciso marcar um horário com a Dr.ª Dermatologista.

Secretária — Cartão, por favor. Qual seu plano?

Aurora — Une mad. Aqui está.

Secretária — Um minuto... Só temos horário para daqui a três meses.

Aurora — Por favor, foi o Dr. Ortopedista, a referência da ala ortopédica, que me mandou procurá-la.

Secretária — Certo. Mas no sistema não consta. O doutor não fez o registro desse encaminhamento no seu formulário.

Aurora — Não fez?

(Aurora tem uma expressão de dúvida e decepção. O médico lhe parecia tão atencioso. Pode ter se esquecido ou talvez não seja tão atencioso assim)

Secretária — Não fez. Mas por ele ser uma das referências no nosso hospital e por você ter sido atendida por ele, como consta no seu formulário, consigo um horário para o próximo mês, no final do mês. É a única data que tenho.

(A secretária volta a mirar a tela)

Aurora — Bem melhor. Muito obrigada.

(*A secretária devolve o cartão sem olhar para Aurora*)

Secretária — Então aqui está o seu cartão. Enviaremos uma mensagem confirmando sua consulta. O pagamento deve ser feito com, pelo menos, doze horas de antecedência.
Aurora — Certo. Obrigada.

Aurora deixa o centro médico com um sentimento dúbio, ainda querendo acreditar que a secretária lhe fez um grande favor.

****

CENA IV

No consultório da Dr.ª Dermatologista

Aurora já está na sala de espera há quase duas horas, aguardando para ser atendida, quando chamam seu nome. A médica lhe parece jovem e gentil.

Dr.ª Dermatologista — Sente-se, por favor.

(*Aurora senta-se e relata o problema, mas a médica a interrompe*)

Dr.ª Dermatologista — E sente dor desde quando?
Aurora — Há alguns meses...

Dr.ª Dermatologista – Nenhuma lesão, contusão?

Aurora – Não. Já fiz um raio-x. Aqui está.

Dr.ª Dermatologista – Não, não precisa me mostrar agora. Deixe sobre a mesa. Vou examinar seu dedo. Por favor, levante-se, tire o tênis, deite-se aí e estique a perna.

(Aurora obedece. A Dr.ª Dermatologista usa uma lupa e olha o dedo de Aurora)

Dr.ª Dermatologista – Pode ser uma infecção ou uma inflamação. Precisamos investigar. Tem sentido alguma outra coisa. Febre? Mal-estar?

Aurora – Não, o incômodo é localizado.

(A Dr.ª Dermatologista pega o exame sobre a mesa, analisa e fala com muita propriedade)

Dr.ª Dermatologista – Há, de fato, uma formação próxima à lateral da unha que pode ser essa sombra que aparece no raio-x. Você fez algum exame de sangue?

Aurora – Não.

Dr.ª Dermatologista – Vou pedir alguns exames de sangue e uma tomografia desse dedo.

Aurora – E o que pode ser?

Dr.ª Dermatologista – Como eu disse, pode ser uma infecção ou uma inflamação. Vamos esperar os exames ficarem prontos.

A Dr.ª Dermatologista levanta e estende a mão. Foi uma consulta breve. Aurora prefere pensar que isso é objetividade. A

Dr.ª Dermatologista parece mais gentil que o Dr. Ortopedista, mas tem tanta pressa quanto ele.

****

CENA V

Na empresa

Aurora tem sentido muita dor. Na empresa, não consegue mais usar salto nem outros sapatos de bico fino e elegantes. Isso tem causado má-impressão na chefia imediata. Está em sua mesa, analisando os dados da bolsa de valores. Tem passado a maior do tempo assim. Evita levantar. Está estudando algumas planilhas quando escuta uma voz atrás dela.

Chefia – Aurora?

(Aurora assusta-se)

Chefia – Preciso conversar com você um instante.
Aurora – É claro, pois não.

(Aurora tem a voz meio trêmula. Disfarça, calça o tênis largo de pano. Está usando jeans e sabe que a chefia não aprova)

Chefia – Está tudo bem com você? Tem acontecido alguma coisa? Pergunto porque zelamos pela saúde dos nossos funcionários. Vocês têm até um dos melhores planos de saúde do país, não é mesmo?

(Aurora faz um gesto afirmativo)

Por isso estamos preocupados com você. Antes, uma funcionária tão assídua, bem vestida, articulada e com ótima relação com os clientes. Agora, anda desleixada, cabisbaixa. Inclusive, na última reunião com os associados estava mal vestida, com uma aparência ruim, e mancava. Algum problema? Desculpe se pareço invasivo, mas a empresa quer ver seus funcionários bem.

Aurora – Eu que lhe peço desculpas, Chefia. É que estou com um problema nos dedos do pé e tem incomodado muito. Mas estou cuidando do problema.

Chefia – Nos dedos do pé? Que estranho. Nunca ouvi dizer de nenhum problema que afete os dedos do pé. O que pode ser?

Aurora – Estou investigando.

Chefia – Tem ido aos especialistas?

Aurora – Sim.

Chefia – E o que eles disseram?

Aurora – Nada muito específico. Falam de uma inflamação ou talvez uma infecção. Já estive em um ortopedista, que me encaminhou para uma dermatologista, que me pediu alguns exames. Até agora não indicaram nenhum tratamento.

Chefia – Certo, Aurora. Mantenha-me informado.

Aurora – Sim, vou mantê-lo. Obrigada.

A Chefia despede-se formalmente. Aurora tira o tênis. Tem dor e sente sua vida confusa. Sua imagem na empresa está comprometida e ela bem sabe o que isso significa. Mesmo assim quer acreditar na medicina e imaginar que sua dor nos dedos em breve será resolvida.

****

CENA VI

De volta à Dr.ª Dermatologista

Aurora leva os exames para a Dr.ª Dermatologista. Está esperançosa de que o problema será resolvido.

Dr.ª Dermatologista — Seus exames estão bons, aparentemente nenhum quadro sério de infecção e nenhum índice que aponte uma inflamação. Nos exames de imagens é possível ver a formação de um pequeno cisto, uma inflamação local. Pode ser um caso muito particular de onicocriptose.

(Aurora já não quer mais saber o que é isso. Ela quer apenas voltar à sua vida normal)

Aurora — Sim, o Dr. Ortopedista já havia dito esse nome. E, nesse caso, qual seria o procedimento?

(A médica deixa os papéis de lado e olha de forma atenta para a tela do computador. Aurora olha para o rosto da médica e não encontra nenhuma expressão que indique respostas)

Dr.ª Dermatologista — Teríamos que fazer um procedimento de cauterização química com o uso de ácido nas lesões ou uma cauterização por crioterapia associada ao uso de antibióticos.

Aurora — Perfeito. E quando podemos marcar o procedimento?

Dr.ª Dermatologista — Não, agora não. Temos que investigar melhor, entender o problema e saber mais sobre a evolução dele. Tem pus na região e isso pode ser a formação de um granuloma piogênico. Seu caso já afeta não apenas o mindinho, mas também o dedo do lado.

(Aurora olha para a médica com a testa franzida. Tem dúvidas, não entende a nomenclatura nem se dispõe a perguntar. Fica em silêncio e a doutora prossegue, sem preocupar-se com a explicação)

Dr.ª Dermatologista — É importante fazer outros exames de sangue antes de pensarmos em fazer qualquer procedimento. Também é muito importante que você procure um angiologista.

Aurora — Angiologista? Acha mesmo necessário?

Dr.ª Dermatologista — Sim. Não é apenas necessário, é fundamental, porque precisamos ter certeza de que a imagem vista na tomografia não se refere a uma necrose na parede dos vasos. Temos que ter certeza de que os vasos estão intactos.

Aurora — Necrose?

Dr.ª Dermatologista — Sim, uma necrose. Pode ser um caso atípico de onicocriptose, que afeta os dedos menores, atingindo vasos pequenos, que rapidamente gera uma necrose. Além disso, recomendo que você evite usar sapatos de salto, fechados ou de bico fino.

Aurora — Mas eu não consigo mais usar. Às vezes, tento disfarçar, mas a dor tem sido horrível. Minha chefia não está gostando nada disso. Trabalho numa grande empresa, em que muito se preza o visual. Primeiro, vão me colocar em licença home office, daí vão suspender meu plano de saúde e depois vão me pôr no olho da rua. Por que não cauterizamos isso logo?

(Aurora tem um olhar inconformado; a doutora, um olhar indiferente)

Dr.ª Dermatologista – Eu já expliquei o motivo. Não podemos correr riscos. Vou pedir novos exames. Fale com a secretária que a atendeu. Ela vai encaminhá-la ao nosso melhor angiologista.

Aurora – Certo. Obrigada.

Aurora foi se levantando. A médica levantou-se, estenderam--se as mãos. Aurora saiu rapidamente, meio confusa. Já tinha se habituado à pressa dos médicos.

****

CENA VII

Na empresa

Aurora conversa com sua colega enquanto almoçam. Sente muita dor.

Colega – Aurora, o que está acontecendo? Você está diferente, muito quieta, calada, todos têm comentado. Além disso, há dias vejo que está mancando.

Aurora – Tem um problema bem sério na minha unha, quer dizer, em um dos meus dedos do pé. Estou há meses indo a médicos e eles não descobrem o que é. Já passei por ortopedista e dermatologista, e vou agora num angiologista.

Colega – E o que é isso?

Aurora – Não sei muito bem, mas é um caso de infecção ou inflamação, sei lá. E ela indicou uns exames e esse doutor em veias e vasos...

(*A colega faz feição de enojada*)

Colega — Nossa, amiga, que horror! Tomara que não seja nada sério.

(*Levantam-se. Aurora sente dor. A colega repara. Aurora fica incomodada com o olhar da colega, mas toca no assunto com franqueza*)

Aurora — A chefia tem me olhado de forma estranha...
Colega — Você sabe como é... Eles são muito ligados à estética, ao formal. Gostam de elegância, sapato de bico fino, e você era considerada uma das funcionárias mais elegantes da empresa...
Aurora — Disseram alguma coisa?
Colega — Disseram... Aurora, eles vão te mandar para licença home office, você já deve imaginar, e sabe bem como eles pensam. Tivemos algumas reuniões com clientes e associados nas últimas semanas e você não foi chamada por causa dos sapatos e das roupas que tem usado...
Aurora — É, eu sei... E o que mais eles disseram?
Colega — Aurora, você já sabe o que pode acontecer. Vão te deixar de molho em casa e depois vão te demitir.
Aurora — É isso mesmo o que vai acontecer. E não vão esperar muito. Talvez mais um mês. O que acha?
Colega — Não sei o que dizer, amiga. É um caso complicado e eu não posso ficar do seu lado nessa situação. Estou com bastante acesso à Chefia, agora que você não está mais presente. Poderia interceder, mas isso seria ruim para mim. Desculpa, amiga, não posso te ajudar.
Aurora — Nem espero que alguém me ajude.

As colegas despedem-se. Cada qual vai para sua mesa. Aurora tenta se concentrar para esquecer a dor e a raiva, mas elas unem-se contra Aurora e vencem-na. Os dias da economista passam a ser improdutivos e ultrajantes, sob olhares entojados e de condenação.

****

CENA VIII

No angiologista

Um mês depois, Aurora volta à Dr.ª Dermatologista, que nada lhe diz, apenas que os exames estavam bons e que primeiro fosse ao angiologista, e só depois marcasse outra consulta com ela. Alguns dias depois, Aurora vai ao Dr. Angiologista. Ela descreve o que vem sentido há meses, fala de todas as consultas anteriores e mostra todos os exames. O Dr. Angiologista olha cada um deles. Mal olha para Aurora.

Dr. Angiologista — Seus exames de sangue estão muito bons.

Aurora — E os exames de imagem também?

Dr. Angiologista — Mais ou menos. Esses exames que você fez não mostram muita coisa. Seria bom fazer outros exames de sangue, outras séries de hemogramas. E talvez outros exames de imagem. Há uma formação que pode ser o indicativo de uma necrose.

(O doutor coloca os exames sobre a mesa e finalmente olha para Aurora)

Dr. Angiologista — Posso olhar seu dedo?

Aurora — Claro. Estou usando sandália hoje. Tem doído muito.

(*Aurora tira as sandálias, estica a perna e sustenta-a em outra cadeira. O doutor aproxima-se com sua cadeira móvel*)

Dr. Angiologista — Um de seus dedos está bem feio e o outro já começa a infeccionar e também tem pus. Podemos já ter em um deles um caso de granuloma piogênico e há um sério risco de que isso gere uma necrose.

Aurora — Sim... E o que pode ser feito?

(*O doutor se move, voltando ao seu lugar*)

Dr. Angiologista — É bastante complicado. Pode calçar sua sandália. Vamos analisar algumas taxas e séries, como a celíaca, para ver o que pode estar causando esse problema.

Aurora — E o que essas taxas têm a ver com o problema nos meus dedos?

Dr. Angiologista — O processo inflamatório pode estar sendo causado por algum fator não localizado.

Aurora — Ok, mas antes de descobrir esse fator, eu posso fazer o procedimento de cauterização?

Dr. Angiologista — Não, não é indicado. Temos que investigar seu caso. E entenda que o que estamos fazendo é o correto. Seu caso precisa ser melhor entendido para que qualquer procedimento possa ser realizado. Temos que ser cuidadosos. A medicina é muito cuidadosa. Por isso vou encaminhar seu caso para uma infectologista. Aliás, a melhor infectologista desta capital.

Aurora — Uma infectologista?

Dr. Angiologista — A infectologista!

Aurora — Certo, que seja, mas a Dr.ª Dermatologista já sabe o que deve ser feito. Por que não fazer? Algum risco sempre vai existir. E seja lá o que uma cauterização possa causar, estou disposta a assumir o risco.

(O Dr. Angiologista move negativamente a cabeça)

Dr. Angiologista — Mas a medicina não pode aceitar riscos. A Dr.ª Dermatologista jamais mexeria em seus dedos sem antes saber a causa desse processo infeccioso e inflamatório. Temos que investigar primeiro, descobrir a origem do problema, para só então interceder. Sem saber a razão, o problema pode voltar após o procedimento. Por isso faça os exames que estou pedindo. E procure a Dr.ª Infectologista. Ela não atende por nenhum plano, suas consultas são caríssimas e muito concorridas, mas como ela é uma médica muito humana e bondosa, atende pelo Sistema Súdito de Saúde, caso você não possa pagar.

(Aurora franze a teste e mexe lentamente a cabeça em sinal de discordância)

Aurora — Não entendo...

Dr. Angiologista — Não precisa entender, apenas aceite. E não se preocupe, o Sistema Súdito de Saúde não está ruim. Está até muito bom. Nele, o paciente é atendido pelos estudantes de Medicina das melhores universidades do país.

Aurora — Pelos estudantes de Medicina?

Dr. Angiologista — Sim, mas com supervisão dos melhores médicos do país, também formados nos melhores cursos. É claro que eles são muito ocupados e quase nunca podem estar presentes no Sistema Súdito de Saúde.

Aurora — Então quer dizer que no Sistema Súdito de Saúde, o paciente é atendido por estudantes inexperientes e os médicos quase nunca estão presentes?

Dr. Angiologista — Mas são estudantes muito bem condicionados. E você sabe, os médicos são doutores renomados, atarefados, que participam e com frequência palestram em eventos internacionais. E, é claro, todos têm seus consultórios. O consultório da Dr.ª Infectologista fica na clínica dos cíveis, ao lado do hospital dos súditos, na mesma área em que os aprendizes de doutores são otimamente condicionados para seu ofício.

Aurora — Na clínica em que a consulta é caríssima?

Dr. Angiologista — Exatamente. Tente ser atendida por lá primeiro. Assim, a Dr.ª Infectologista poderá lhe dar mais atenção.

Aurora — Entendi...

Dr. Angiologista — Aqui estão os exames solicitados. E também fiz um encaminhamento para a Dr.ª Infectologista, que não pode ser usado no Sistema Súdito de Saúde. Vá até a clínica, mostre o meu encaminhamento, com a minha assinatura, e você vai conseguir um horário.

(Aurora começa a sentir raiva do médico. Tem um olhar desconfiado, uma expressão adversa)

Aurora — Que ótimo. Obrigada!

Ambos se levantam. Aurora está sisuda, cansada e os dedos doem. Dessa vez, é ela quem tem pressa. O médico está sorridente, satisfeito com sua atuação. Estendem-se as mãos, ela não diz nada e sai cabisbaixa. Não vai fazer os exames que o médico pediu. Vai até a clínica da Dr.ª Infectologista. Não sabe por que faz isso, mas é sua última tentativa.

****

CENA IX

Na clínica dos cíveis

Aurora está sem paciência e sem muita educação. Está com uma aparência péssima e manca devido à dor. Vai até o balcão de atendimento.

Aurora — Por favor, preciso marcar uma consulta com a Dr.ª Infectologista.

(A secretária da Dr.ª Infectologista inspeciona Aurora de cima a baixo com olhar de repulsa)

Secretária da Dr.ª Infectologista — Sinto informar que ela só tem horário para o próximo ano.
Aurora — Tenho um encaminhamento do Dr. Angiologista.
Secretária da Dr.ª Infectologista — Deixe-me ver o encaminhamento.

(Aurora mexe na bolsa, de cabeça baixa)

Aurora — Quer meu plano de saúde também?
Secretária da Dr.ª Infectologista — A Dr.ª Infectologista não atende por nenhum plano. Não a avisaram que as consultas são pagas?

(Aurora levanta a cabeça, com olhar de discórdia. Sorri de forma debochada)

Aurora — Sim, já me avisaram. E que são caríssimas. Aqui está o encaminhamento.

(A secretária da Dr.ª Infectologista olha o documento com a mesma expressão de repulsa)

Secretária da Dr.ª Infectologista — Sim, bem caras.

Aurora — Eu sei.

Secretária da Dr.ª Infectologista — O encaminhamento não aponta caráter de urgência. É um encaminhamento de relevância, apenas.

Aurora — E daí?

Secretária da Dr.ª Infectologista — E daí que consigo agendá-la para o próximo mês. Se fosse caráter de urgência agendaria para a próxima semana e o valor da consulta ficaria mais caro.

Aurora — Ainda mais?

Secretária da Dr.ª Infectologista — Sim. Posso agendar?

Aurora — Sim.

Secretária da Dr.ª Infectologista — O pagamento deve ser feito em até 72 horas antes da consulta.

Aurora — Bem antecipado, não é?

Secretária da Dr.ª Infectologista — Porque a lista de espera é bem grande.

Aurora — Muito boa essa Dr.ª Infectologista.

Secretária da Dr.ª Infectologista — A melhor. Aqui está seu encaminhamento e a efetivação do seu agendamento.

(Aurora fala com ironia)

Aurora — Muito gentil.

Secretária da Dr.ª Infectologista *(com desdém)* — Não há de quê.

Aurora despede-se com um riso cínico. Sai com pressa, quer correr, chorar, gritar, e quanto mais depressa anda, mais os dedos doem. Vai direto para casa.

****

CENA X

No apartamento

Aurora está em seu apartamento, no décimo sétimo andar, com vista para outros prédios. Tem dor, muita dor nos dedos. Estão inchados, feios e escurecidos. Sua mãe disse para colocar o pé na água morna. D. Matilde foi quem ensinou. É a única coisa que tem ajudado. Anoitece. Em outros tempos estaria com as amigas, curtindo num pub, após o trabalho. Agora tem dor, manca e ninguém mais quer sua companhia. As amigas sentem vergonha dela. Nem recebe mais mensagens em seu aiphone. Pega o aparelho e vê uma mensagem da Chefia. Aurora fica gélida e pálida. Já sabe o que vai ouvir. Aperta o play.

Chefia — "Prezada Aurora B., diante da atual situação, visto a sua incapacidade para o cumprimento de seus compromissos, a empresa sente-se na obrigação de dispensá-la definitivamente do seu cargo. É sabido que nossas práticas incluem condutas clássicas, prezando pela boa aparência e pelo comportamento exemplar. Nos últimos meses, a empresa tem verificado que a senhorita já não se veste com esmero, age de forma desleixada, que procrastina nas tarefas, tem sido mal-educada com os colegas e antipática com os clientes. Por direito, receberá em sua conta o valor correspondente à sua demissão. Agradecemos seus serviços prestados".

(*Aurora treme e começa a chorar*)

Aurora — Não, não pode ser. O que tá acontecendo?!

(*Chora e soluça*)

Aurora — Desgraçados!!

(*Chora e quer gritar. Está só. A mãe é a única pessoa com quem pode falar. Liga para D. Betânia*)

Aurora — Mãe?
D. Betânia — O que foi minha filha. Tá chorando? O que foi?

(*Aurora soluça e chora*)

Aurora — A empresa me demitiu.
D. Betânia — Não, não pode ser. Por que, minha filha? Por causa do problema nos seus dedos? Mas você está tratando desse problema, não está? Você disse que tinha ido aos especialistas.
Aurora — Eu fui, tenho ido, mas eles ainda estão investigando o caso. Eu tô com dor, não aguento mais, e tô mancando feito uma aleijada.
D. Betânia — O que você vai fazer?

(*Ainda soluçando*)

Aurora – Eu não sei. Agora me mandaram para uma infectologista, mas eu não tenho mais o plano de saúde, só o dinheiro da demissão.

D. Betânia – Parece que é um caso bem sério nos seus dedos...

Aurora – Não sei... Não sei se é sério ou se é uma farsa...

(Aurora volta a chorar)

D. Betânia – Minha filha, vem para o interior. Quem sabe D. Matilde não consegue dar um jeito...

(Aurora fala, controlando o choro, com a voz trêmula)

Aurora – D. Matilde, mãe? Eu já fui em vários especialistas e todos dizem que a causa do problema precisa ser descoberta senão ele vai voltar. Eles falam que é uma inflamação e uma infecção, sei lá... Já falaram até em necrose...

D. Betânia – Nossa, minha filha, então eles podem estar certos. Tem que investigar o caso antes de mexer nos dedos.

(Autora sente raiva)

Aurora – Eu não sei! Não sei! Só sei que ninguém quer fazer o procedimento, só sei que meus dedos doem, manco cada dia mais e perdi meu emprego por causa de um problema besta, que nenhum médico resolve!

(Aurora desaba em prantos)

D. Betânia – Vai descansar, minha filha...

Aurora — Eu só consigo descansar com remédio...

D. Betânia — Então toma logo uns três comprimidos para dormir e amanhã você pensa com calma na sua vida.

(Aurora soluça)

Aurora — Eu vou, sim... Tchau.

D. Betânia — Tchau, minha filha. Tome um remédio e se acalme. Boa noite.

Aurora toma três comprimidos, deita na cama e sente os olhos fechando, quimicamente sonolenta.

(Cai o pano)

Terceiro ato

CENA I

No consultório da Dr.ª Infectologista

Aurora usa uma parte do dinheiro da demissão para pagar a consulta. Os dedos estão ficando roxos, doem muito e Aurora tem pouco dinheiro para manter-se na cidade grande. Dessa vez, Aurora é pontualmente atendida. É conduzida até o consultório e recebida com um abraço pela doutora, uma senhora simpática, de estatura bem baixa e silhueta fina.

Dr.ª Infectologista — É um prazer recebê-la, Aurora. Por favor, entre, sente-se. Fique à vontade.

(Aurora estranha esse comportamento. Nunca um médico a abraçou. Não entende se é pelo valor da consulta ou se, de fato, é uma médica especial como disseram)

Dr.ª Infectologista — Fale um pouco da sua vida, Aurora. O que você faz da vida? Trabalha onde?

(Aurora não está muito a fim de conversar. Seus últimos meses têm sido horríveis. Ela agora está desempregada e mente para a doutora)

Dr.ª Infectologista — Olhe, que interessante! Conte-me, Aurora, o que está acontecendo? O que a trouxe aqui?

(Aurora relata o problema. Já havia falado tanto dele que o expunha automaticamente. Apresentou os exames e mostrou os dedos)

Dr.ª Infectologista — Sente-se aqui, por favor. Vou examinar seus dedos.

(A médica usa uma lupa enorme)

Dr.ª Infectologista — Está bastante inflamado e infeccionado.
Aurora — É, eu sei.
Dr.ª Infectologista — Talvez você não saiba exatamente o risco que corre.
Aurora — Risco?
Dr.ª Infectologista — Temos que cauterizar com muito cuidado e remover esse granuloma piogênico que se formou a partir da onicocriptose.
Aurora — E isso vai ser feito?
Dr.ª Infectologista — Sim! Vamos fazer utilizando nossos equipamentos de última geração, que agora estão disponíveis no Sistema Súdito de Saúde. Você não precisa nem se preocupar com os custos. E fica tranquila, no nosso Sistema Súdito você será atendida por profissionais qualificados e com equipamentos sofisticados.

(Aurora tem um olhar desconfiado)

Dr.ª Infectologista — Minha jovem, não se preocupe. Você só precisa ir até o hospital súdito e fazer seu cadastro no sistema. Depois que isso for feito será agendada uma consulta pelo Sistema Súdito, e após essa consulta você só terá que fazer os exames pré-operatórios e marcar a cirurgia.

Aurora — Então ela vai ser feita?

Dr.ª Infectologista — Claro, minha jovem! Pelos melhores especialistas, com a assistência dos melhores estudantes das melhores universidades do país.

(*Aurora fica reanimada*)

Aurora — Que bom! Mas, afinal, o que é exatamente esse granuloma e esse nome estranho, onicocriptose, que mal consigo pronunciar? Já falaram sobre ela, mas não me explicaram.

(*A doutora olha para Aurora com empatia*)

Dr.ª Infectologista — Onicocriptose. A onicocriptose é conhecida popularmente como unha encravada. Seu caso começou com a unha do mindinho encravada, o que é raro, e evoluiu para o que chamam de carne esponjosa, um granuloma piogênico.

Aurora — Então o que eu sempre tive foi uma unha encravada?

Dr.ª Infectologista — Sim. Mas pela demora no tratamento gerou um processo infeccioso e inflamatório. Mais um pouco e esses dedos necrosariam e teríamos que amputar. Percebe o risco sobre o qual lhe falei?

Aurora — Acho que agora percebo e começo a entender tudo que aconteceu.

Dr.ª Infectologista — Pois bem, Aurora, vou fazer seu encaminhamento para que se cadastre no Sistema Súdito. Se tudo der certo, dentro de pouco menos de dois meses já terá feito o procedimento e resolvido definitivamente seu problema.

Aurora — Fico mais aliviada. Parece que finalmente esse problema vai ser resolvido. O curioso é que a manicure da minha mãe já tinha dito que era uma unha encravada.

Dr.ª Infectologista — Mas nunca confie em manicures para tratar unha encravada, principalmente no seu caso, que afeta o mindinho. Muitas acham que sabem lidar com isso, mas não raro a gente recebe casos de dedos infeccionados por causa de manicures que mexem no que não devem. É um problema quando pessoas sem formação se consideram com as mesmas capacidades que nós, pessoas formadas.

(A Dr.ª Infectologista ri. Aurora sorri, por mera gentileza)

Elas despedem-se sem pressa. Aurora acredita que o problema vai ser resolvido, mas a doutora lhe parece gentil demais. Sua crença na medicina está abalada. Agora tudo começa a fazer sentido. D. Matilde estava certa desde o começo.

****

CENA II

No hospital súdito (balcão 1)

Aurora nunca usou o Sistema Súdito de Saúde. Há muita gente no balcão de atendimento. Espera no fim da fila. Passou xilocaína nos dedos. Sua mãe disse que seria bom enquanto o procedimento não fosse feito. Foi D. Matilde quem havia aconselhado. Ao contrário das orientações médicas, Aurora aceita as sugestões de D. Matilde, a única que, até então, soube do que estava falando.

Na fila de espera, logo à sua frente, uma mulher apoia-se no ombro de uma moça gordinha. Um pouco mais à frente, uma criança autista usa um implante auditivo e segura a mão de uma jovem com olhar assustado. Depois de quarenta minutos em pé, a balconista chama seu nome. Sem a xilocaína não teria aguentado.

Atendente do balcão 1 – Boa tarde. Pois não? É cadastro, exame ou cirurgia?

Aurora – Cadastro.

Atendente do balcão 1 – Documentos, por favor.

Aurora – Aqui estão.

(*Aurora entrega os vários documentos pedidos. A atendente começa a olhar lentamente, detalhadamente, um por um. O efeito da xilocaína começa a passar e os dedos começam a latejar*)

Atendente do balcão 1 – Você mora em um bairro chique.

Aurora – Por pouco tempo.

Atendente do balcão 1 – E tem um excelente salário.

Aurora – Tinha. Fui demitida por causa do problema no meu dedo.

Atendente do balcão 1 – Aqui consta sua demissão. Talvez por essa razão consiga ser atendida pelo Sistema Súdito, senão não poderia pelo seu salário, maior que da grande maioria da população.

(*Aurora não entende o porquê daquela conversa e não quer ser simpática*)

Aurora – Mas agora eu estou sem salário.

Atendente do balcão 1 – Deve ser ruim. Estado civil? Está gestante?

Aurora – Solteira. Não.

Atendente do balcão 1 – Alguma patologia congênita?

Aurora – Não que eu saiba.

Atendente do balcão 1 – Seu encaminhamento foi feito pela Dr.ª Infectologista. Ela tem uma equipe muito boa.

Aurora — Espero que ela resolva meu problema. Pelo menos, ela disse que vai.

Atendente do balcão — E ela vai.

Aurora — É o que eu espero.

Atendente do balcão 1 — Aqui está seu cartão do Sistema Súdito de Saúde.

Aurora — E eu preciso marcar uma consulta.

Atendente do balcão 1 — Então você precisa ir ao balcão 2. Boa tarde.

Aurora sai sem responder. Os dedos doem e ela ainda vai ter que ficar em pé por mais tempo. Por sorte, o balcão 2 está mais tranquilo. Aurora marca a consulta para dali a quinze dias.

****

CENA III

No setor de infectologia do Sistema Súdito de Saúde

Aurora sai cedo de casa. Sua consulta é às 8h. Está animada. Acredita que agora vai resolver seu problema e poderá procurar trabalhos presenciais sem receio. O hospital é grande. Aurora informa-se e chega ao setor de infectologia. A sala de espera está lotada. Dessa vez não usou xilocaína por medo de a médica reprovar. Procura, desesperadamente, um lugar para sentar-se.

Aurora — Por favor, tem alguém sentado aqui?

Homem no celular — Não.

Aurora senta-se. As cadeiras são duras. Na sua frente, uma mulher segura uma criança no colo. É uma menina e tem uma deformidade na orelha esquerda. São fileiras de jovens, adultos, crianças, velhos, todos chamados por um sistema sonoro e visual. Estudantes de medicina e enfermeiros circulam pelo grande saguão; maqueiros passam com cautela, pedindo passagem no corredor. Nas macas, jovens acidentados, bandido baleado, idoso debilitado. Muitos amputados. Aurora olha em volta e sente-se tonta. Quer sair dali. Já espera há uma hora. Pega seu aiphone. Não tem mensagens. Lê as notícias, relê a notícias, olha em volta. Já espera há duas horas. Levanta-se. Está agitada. Depois de quase duas horas e meia, Aurora escuta seu nome, indicando a sala 11. Aurora bate na porta da sala 11 e quem a recebe é um jovem de 20 anos, com cara de menino mimado, que estudou nas melhores escolas e foi bem condicionado para as provas.

Aprendiz de doutor 1 — Bom dia. Sente-se, por favor. Deixe-me ver aqui no sistema... Você é Aurora. Trouxe os exames?

Aurora — Aqui.

Aprendiz de doutor 1 — A Dr.ª Infectologista e sua equipe não estão aqui hoje.

Aurora — Ela não está?

Aprendiz de doutor 1 — Não.

Aurora — Mas eu entendi que ela me consultaria e me encaminharia para os exames pré-operatórios.

Aprendiz de doutor 1 — Isso eu posso fazer. Vou encaminhar seus exames. Eles são rápidos e simples. Pode ser amanhã?

Aurora — Claro.

Aprendiz de doutor 1 — Marque seu retorno para daqui a dez dias. Até lá os exames de sangue já estarão prontos.

Aurora — E vocês vão resolver meu problema depois disso?

Aprendiz de doutor 1 — A Dr.ª Infectologista precisa mostrar seus exames para a equipe. Não esqueça de trazê-los!

Aurora — E você não vai olhar meus dedos?

Aprendiz de doutor 1 — Não é preciso. Você tem vários exames.

Aurora — Mas eu não tenho mais dedos. Tenho duas massas de carne, inchadas, vermelhas-amareladas-arroxeadas e purulentas.

Aprendiz de doutor 1 — Faça os exames amanhã e vamos esperar que na próxima consulta a Dr.ª Infectologista marque a cirurgia.

O aprendiz levanta-se. Já tem pressa. Adestrou-se rápido ao sistema médico-quantitativo. O que valem são os números para o Sistema Súdito e o os lucros para o sistema pago. Não estende a mão. Sorri e acena jovialmente. Aurora responde com um sorriso sem graça. Tem raiva, mas não encontra nenhuma ação.

****

CENA IV

No mesmo consultório do Sistema Súdito de Saúde

A consulta está marcada para às 8h. Aurora sabe que vai esperar, e muito. Depois de quase três horas no purgatório, Aurora escuta seu nome. Dessa vez é recebida por uma jovem de 20 anos, com modos de colegial.

Aprendiz de doutora — Bom dia.

Aurora não responde.

Aprendiz de doutora – Estou olhando aqui a sua ficha. Trouxe os exames para a Dr.ª Infectologista ver? E os pré-operatórios? Você fez?

Aurora – Estão todos aqui.

Aprendiz de doutora – Vou levar para a doutora ver.

Aurora – Hoje ela está? E ela não vem me atender?

Aprendiz de doutora – Sim. Eu já volto.

(A aprendiz de doutora sai da sala. Em alguns minutos entram a aprendiz e a Dr.ª Infectologista. A Dr.ª Infectologista do Sistema Súdito não se parece com a Dr.ª Infectologista do consultório privado. Tem uma aparência rude e impaciente. Aurora levanta-se)

Dra. Infectologista – Sente-se ali para a aprendiz de doutora examinar seus dedos.

(Aurora obedece. A Dr.ª Infectologista dirige-se à aprendiz de doutora)

Dr.ª Infectologista – Examine os dedos dela e coloque a informação no relatório.

(A aprendiz olha rapidamente e vai para o computador para preencher o relatório de atendimento)

Aurora – Relatório?

(A Dr.ª Infectologista fala com a voz hostil e arrogante)

Dr.ª Infectologista — Levei seus exames para minha equipe e vimos que a cirurgia que eu havia proposto não vai resolver seu problema.

(*Aurora faz uma expressão clara de ódio e espanto*)

Aurora — Não vai resolver?
Dr.ª Infectologista — Não. Vamos ter que amputar seus dedos.

(*Olha para a aprendiz de doutora, ignorando Aurora. Aproxima-se da mesa, baixa o tom e eleva o descaso*)

Dr.ª Infectologista — Termine o relatório dela e agende logo com o anestesista. Vamos ter que amputar esses dedos. Agilize porque a coitada está desempregada.

(*A aprendiz sorri levemente, já se enquadrando aos modos de doutora. A Dr.ª Infectologista dirige-se à Aurora*)

Dr.ª Infectologista — Ela vai agendar para você.

(*E sai da sala com seus passos ligeiros e miúdos. Aurora está pálida*)

Aprendiz de doutora — Aurora, podemos marcar com o anestesista no próximo mês. Dia 15, uma quarta-feira, você pode?

(*Aurora dirige-se a ela com olhar espantado*)

Aurora — Ela não vai fazer o procedimento nos meus dedos? Não tem solução? Amputação? Foi isso que ela disse?

(*A aprendiz tem um olhar indiferente, porém empático*)

Aprendiz de doutora — Eu entendo sua reação. Amputação é algo que mexe com o emocional.

Aurora — Mexe com o emocional? Eu quero uma explicação, saber qual foi o diagnóstico.

Aprendiz de doutora — Foi a complicação de uma onicocriptose que levou à formação de um granuloma piogênico. Não foi tratado a tempo e gerou uma necrose.

Aurora — Não foi tratado a tempo? Não foi tratado a tempo por vocês!

(*A aprendiz de doutora fica indiferente a Aurora*)

Aprendiz de doutora — Aqui está sua carteirinha com a data da consulta com o anestesista. Ele vai avaliar seus exames pré-operatórios e encaminhar para amputação.

Aurora pega a carteirinha. Levanta-se e sai da sala, muda, seus lábios tremem de ódio. Caminha cega pelos corredores do hospital. Tem ódio também da miséria humana. Não sente mais os dedos. Tenta correr, chora, manca e sente raiva. Raiva dos profissionais de branco que por ela passam, raiva do pobre, do miserável, que sofre enganado, sendo tratado a conta-gotas, em consultas mensais de dez minutos de duração. A perna foi amputada. A face foi corroída. Mas o importante é que está vivo. Não sai mais da cama, faz hemodiálise toda semana. Não consegue falar, não pode mais andar, mas gostam tanto da vida que tão bem lhes faz sofrer e é tão fácil enganá-los. Aurora para. Encosta numa árvore. Precisa de sombra, um pouco de apoio, não de um consolo.

(Cai o pano)

Quarto ato

Na manicure

Aurora não voltou mais ao hospital. Voltou para o interior para tratar os dedos com D. Matilde que, com muito jeito e paciência, fez tudo que pôde. Usou uma mistura de conhaque com cravo da índia, própolis, menta e hortelã. Doeu, sangrou, saiu pus, muito pus. Aurora chorou de dor e de ódio. Seu Eurico, da farmácia, indicou o antibiótico. O problema foi aliviando aos poucos. Agora ela volta na D. Matilde para refazer o curativo.

D. Matilde — Demoraram demais. Agora vai demorar um pouquinho pra ficar bom. Tem que fazer os curativos, usar um anti-inflamatório, tomar antibiótico.

Aurora — Bem que a senhora falou há quase um ano...

D. Matilde — Era pra ter sido mais fácil. O que eu fiz em você só tinha feito umas poucas vezes. Uma foi com seu avô, que você nem conheceu. Morreu cedo de tanto beber. Ele não deixava mexer na unha. Só quando ficava cheio de pus e ele não conseguia mais calçar a bota. Uma vez, de tanto beber, ele nem sentia a dor, e ficou usando a bota até que o dedo ficou quase deformado.

Aurora — Será que unha encravada tem uma influência genética?

D. Matilde — A unha não, minha filha, mas o formato do pé. Tem família que tem um formato de pé e também de dedo que é fácil de encravar. O sapato fechado só piora.

Aurora — Queriam amputar meus dedos...

D. Matilde — Testaram teus nervos, minha filha. A medicina faz isso. Enfeitam demais os nomes, fazem alardes, pedem exames, depois outro exame e mais um exame, e tudo isso atrasa a solução do problema. E aí podem aparecer outros problemas por causa daquele que demoram pra resolver...

Aurora — Foram muitos médicos, muitos exames, e eles sabiam o que devia ser feito. A Dr.ª Dermatologista sabia. Por que ela não fez?

D. Matilde. — Talvez por medo, covardia, descaso, despreocupação com seu caso ou mania de exame e mais exame. Pode até ter sido um excesso de zelo, mas o zelo em excesso às vezes sufoca e outras, atrapalha.

Aurora — Todos diziam que primeiro era preciso encontrar a causa. Até exame de intolerância ao glúten e à lactose me pediram.

D. Matilde — As causas foram o sapato apertado e o formato do pé.

Aurora — Meus dedos nunca mais vão ser os mesmos...

D. Matilde — Vai ficar um calo no dedo de cá e um calombo no outro, do lado de lá. Mas calo é melhor que dedos amputados.

Aurora — Acho que nunca mais confio em médicos. Tenho gastura quando vejo um jaleco branco. Ainda bem que a senhora não usa.

D. Matilde — A desconfiança de poucos vem da arrogância de muitos. Se faz muita pose, muita prosa e diz saber, pode olhar de soslaio, ficar desconfiado, que outro farsante ele vai ser.

Aurora — A farsa da unha encravada.

D. Matilde — A unha encravada não é uma farsa. Os farsantes é que fazem a farsa.

Aurora — Mas foi uma boa farsa.

D. Matilde — Não, a farsa não foi boa, mas os farsantes bem que tentaram.

Aurora se levanta.

(Cai o pano)

Só Aurora fica em cena.

Epílogo: aos farsantes de jaleco

Os farsantes dedicados têm sempre seus ludibriados. Geralmente são os tolos, os bobos, os puros, os sempre enganados. Há farsantes que usam do seu conhecimento, há farsantes astutos, diplomados e bem formados.

Farsantes estão em toda parte. Estão nos cargos governamentais, nos corredores de hospitais. Farsantes são de boa oratória, advogam em escritórios, discursam em palanques eleitorais. Estão no mundo digital, onde as farsas tornaram-se desmedidas. Há farsantes que são professores e até cientistas. Há farsantes doutores formados em Medicina.

Ludibriados são inúmeros. É bem fácil enganar os tolos, mas se não parecer tão tolo, o farsante usa seu status, emprega nomenclaturas, diz ser um problema multifatorial que até parece não ter cura. A medicina não quer que seu problema de saúde tenha cura.

Não perdoo e não aceito. Meus dedos ficaram, minha confiança se foi. Quando agora adoecer, vou tratar-me num terreiro. Pouco importa se não acredito em espíritos ou entidades. Não acredito nos homens do ofício, não mais creio na medicina. Pouco importa meu dedo com calo. De agora em diante, o que me vale é meu desprezo guiado.

Fim

Pleonasmo Redundante de um Monólogo Solipsista

Primeiro (e único) ato (jamais atado)

No sopé da montanha

— O senhor me perguntou há quanto tempo estou aqui? Há algumas décadas. Talvez só um pouco mais de tempo que o senhor.

— Ah, sim. Faço a mesma coisa todos os dias. O senhor também faz a mesma coisa todos os dias.

— Se isso nos faz iguais? Não, não senhor, não somos iguais nem semelhantes. Somos bem diferentes, apesar de sermos da mesma espécie.

— Por que somos bem diferentes? O que eu quero dizer com isso? Quero dizer que o senhor tem fé, acredita, espera, não espera? Eu não acredito, não espero e nunca tive fé. Nunca tive fé em nada, nem em mim, muito menos em Deus.

— O senhor é um homem de muita fé. Que inocente da sua parte! Quem sabe o senhor não esteja certo, pois, assim, continue tendo fé. Espera pela salvação? Tem fé em Deus, em Jesus Cristo, na Nossa Senhora e no Santo Expedito? Tem fé no padre, na menina beatificada? Quanta fé! O senhor é mesmo um homem de muitas ilusões.

— E o senhor espera pela salvação de todos?

— Não? É claro que não, que o senhor não espera. Só os bons serão salvos. Continue, senhor, esperando por Godot.

— Quem é Godot? É só um nome simbólico daquilo que o senhor espera. Então espera que um dia tudo pode ser diferente, não é mesmo? Espera que um dia sua dor vai passar, o mundo vai ser justo e as pessoas serão sensatas. Você sempre espera que o amanhã será diferente. Mas como pode ver, o amanhã é sempre igual.

— Não, não estou fazendo uma crítica. Sabe que até admiro os que esperam. Deve ser bom saber esperar e não ter a certeza de que nunca vai acontecer. Minha ironia talvez venha da frustração de não saber esperar e ter a certeza de que nunca vai acontecer o que espero. Quem dera, assim como o senhor, não ter a certeza de que viveremos sempre os mesmos amanhãs.

— O senhor acredita em Deus, não acredita? Acho que o senhor também acredita no amor. Acertei?

— Não me diga! O senhor acredita no amor e no matrimônio? Nossa, que bonito! Não acredita em romances? Eu sei que o senhor não acredita em romances. Matrimônios não são romances.

— Que ótimo! O senhor concorda. Romances são ilusões, matrimônios são acordos e nenhum deles é amor. O que o senhor e a senhora sua esposa têm um contrato de convivência e conveniência. Com o tempo tornaram-se dependentes, habituaram-se com a rotina e chamam isso de amor. É tão bonita a mentira...

— Desculpe-me, senhor. Não duvido que seu casamento seja de verdade. Os contratos sociais são absolutamente verdadeiros perante a lei e perante os homens. O senhor é um pai de família, um bom cidadão.

— Mas sim, senhor, mudemos de assunto, ou não. Como havia me perguntado, fazer a mesma coisa todos os dias não nos torna semelhantes. Aliás, nada nos faz semelhantes. Nossas diferenças são imensas.

— Se eu tenho alguém nesta vida? Não sei bem o que isso significa. Mas por que a pergunta? O senhor tem?

— Sua esposa, é claro, me esqueci. E filhos, irmãos, mãe. O senhor tem mesmo muitos alguéns em sua vida.

— Se eu nunca amei ninguém?

— Ninguém nunca amou ninguém, se é que o senhor me entende, já que a língua portuguesa é um idioma complicado. O que existe é o instinto primário do acasalamento e os institutos de posse, conforto, vaidade, imposição, e outros costumes típicos da espécie.

— O que eu senti nos meus relacionamentos? O que eu senti foi desejo, tesão, seguidos de pena, compaixão, comodismo. O amor foi uma invenção muito bem feita. Rende bilhões até hoje. De formas direta e indireta, o amor deve ser um dos mercados mais lucrativos do mundo.

— Se eu não acredito no amor? Não, senhor, não acredito. Quem dera acreditar e, quiçá, lucrar com ele.

— O senhor quer saber o que eu penso do amor materno? Dos filhos? Dos entes? Não queira saber, meu senhor. Mas se assim deseja, digo que são sentimentos de convenções e da própria convivência.

— Se eu acho que o amor não existe?

— É claro que ele não existe. Já lhe disse isso! É sobre isso, aliás, que tenho falado até então. Pense bem, senhor... O amor é um substantivo abstrato, certo? Todos os substantivos abstratos são uma criação, assim como todas as palavras são uma criação, mas diferente dos demais substantivos abstratos, o amor não remete a nenhum sentimento real. Ele é vago. Vaguezas podem ser interpretadas de várias maneiras. Em toda a história, a começar pela mitologia, o amor ganhou nomes, definições, conotações. Diante de tantas invenções, configurava-se desde cedo uma grande farsa e um bom tema para roteiros, peças, músicas, de ótima e péssima qualidades.

— Se eu tenho algum sentimento?

— Às vezes. Quando muito - e raramente -, sinto ódio; por vezes, é só pena e um pouco de humor amargo. Quase sempre, não sinto nada. De qualquer forma, entenda, meu senhor, o amor não é um sentimento. O amor é só um substantivo vago, sem nenhum sentido associado.

— É estranho, não é? Mas vou lhe dar um exemplo. Se digo saudade, angústia, medo, todos esses substantivos podem ser sentidos quando ditos, há um sentido neles. Mas se digo amor, o que o senhor sente?

— Nada, não é mesmo? É por demais vago.

— O amor tem infinitas interpretações, mas não existe. Quando a palavra é pronunciada, nenhum sentimento é despertado, só uma vagueza, às vezes, sublime, às vezes, poética, mas só uma vagueza.

— O senhor pode sentir muitas coisas pela sua esposa ou pela sua amante, pela sua mãe, por sua tia ou pelo seu amigo, mas nenhum desses sentimentos é amor porque o amor não existe.

— Amar pode existir enquanto verbo, jamais enquanto carne. O amor é só um significante de significado duvidoso. O que se refere à carne tem outros nomes: tesão, tédio, embriaguez, mas também não é amor. O senhor sabe bem disso.

— Se alguém que não acredita no amor é capaz de matar? Não sei lhe responder. O senhor quer saber se eu mataria? Sim, eu mataria. Mas isso não faz de mim uma pessoa má, assim como se eu lhe salvar a vida, isso não faz de mim uma pessoa boa.

— Mas não sou nenhum tipo de assassino. Nunca matei uma criatura que tivesse mais do que cinco centímetros. Também não sou sociopata nem delinquente. Mas se deseja uma definição, sou terrorista.

— Também nunca cometi um ato terrorista, só imaginei muitos. Mas para um ato de terror precisaria de recursos, dispositivos e uma boa equipe. Como não posso realizá-los, tenho que me consolar com uma possível colisão, um meteoro ou algo similar, já que os vírus não vão resolver o problema.

— A qual problema me refiro? Eu refiro-me à espécie humana, meu senhor. Ela é o grande problema. O ideal seria que apenas a espécie humana fosse extinta. O planeta ficaria bem melhor sem ela. Mas se não tiver outro jeito, que venha o meteoro para nos salvar de nós mesmos.

— O senhor acha um absurdo o que digo? Também acho o matrimônio um absurdo. Também acho o amor um absurdo, uma rima rica mal feita que dá lucro a alguns e ilude a maior parte. Deus também é um absurdo.

— Por que eu falo essas coisas?

— Porque não gosto da espécie humana. Se pudesse, liquidá-la-ia.

— Sim, é verdade, eu seria liquidado também. E daí? Não me importa.

— Por que não gosto da espécie humana?

— Porque ela é autodestrutiva. O senhor compreende essa explicação? Não? Não compreende? Vou tentar ser mais claro. Porque essa espécie, desde sempre, foi guiada por seus instintos primários. Os pelos caíram, poucos sobraram, a pele tornou-se mais fina, a arcada dentária diminuiu, mas à parte as mudanças externas, a espécie segue truculenta. E será mais truculenta no futuro, quando todos estarão cegos, surdos e muito burros.

— Mas, é claro, o senhor tem razão. Evoluímos no sentido de que temos uma truculência mais refinada. Os homens não arrastam mais as mulheres pelo cabelo, pelo menos, não com tanta frequência.

— O senhor acha que nós somos civilizados? Civilizados pelas leis, o senhor quer dizer. A espécie só aparenta ser menos truculenta porque as leis a controla.

— O que eu tenho contra as leis? Elas são feitas por humanos e para humanos, com o intuito de mascarar o que a espécie é capaz de fazer. Se não fossem os códigos de conduta inventados, o senhor não imagina do que a espécie seria capaz. Não existe moral nem ética por parte da espécie. Existe lei.

— Se eu tenho algum problema com a lei?

— Tenho todos.

— Se eu já fui preso? Não. Tenho outro problema com a lei e com as normas, regimentos e diretrizes. Não se trata de um problema legal, trata-se de um problema quase existencial. O senhor não vai entender.

— Se é um tipo de niilismo? Anarquismo? O senhor parece-me entendido sobre o assunto. Desculpe a pergunta... O senhor é russo ou alemão, alguma descendência soviética? Foi só uma brincadeira. Não leve a sério.

— Pode me considerar um anarconiilista, caso definições lhes façam bem. Mas seja lá o que for, não há ismos que modifiquem a existência. Não há ismos que encurtem nosso caminho. Já reparou que andamos tanto e ainda falta quase metade do caminho até o cume.

— Se minha pedra está pesada? Não. Sobre a sua, não quero saber. Imagino que esteja pesada, pois cada qual que carregue sua pedra com o peso que cada qual coloca sobre ela.

— Sabe que, na verdade, elas são leves. Não há nenhum castigo ou condenação na existência. Ela só não tem sentido. E muitos gostam de fazer de suas condenações o sentido da vida. Alguns até se orgulham de suas condenações e levam suas pedras com dor e suor, mas elas não pensam tanto assim.

— A sua está pesando porque o senhor gosta desse peso. Tudo que lhe dá sentido à vida também muito lhe pesa na subida.

— O homem percebeu sua imensa insignificância e sua brevidade temporal. Ele sabe da finitude e do sentido que não existe. E tudo isso o aflige. Aflito, o homem inventa deuses e cria ordens sociais baseadas naquilo que cada deus inventado diz. Deuses de ficção, com enredos e diálogos ficcionais, defendem a honra e a propriedade, a família, a moral e os bons costumes.

— O senhor se fez um homem de bons costumes e agora nem se lembra mais quem era. É um homem de fé porque assim está protegido; é um pai de família porque assim será útil. No fim, o senhor se fez de tantos escapes e tantas miragens que nada mais restou de si. Depois de tanto ser violentado, já nem percebe mais.

— O senhor não me entende? Não esperava que me entendesse. São raríssimos os que encontro nesta subida capazes de compreender.

— O senhor tem a impressão de que sou uma pessoa triste? Não, não sou triste nem feliz. Sou niilista, como o senhor mesmo descobriu e me definiu. Valores e sentimentos não me fazem diferença.

— Qual o sentido da vida para mim? Meu senhor, sem querer assustá-lo ainda mais, sinto muito lhe dizer que a vida não tem nenhum sentido. A vida é um mero acaso, puramente, e nada a torna especial.

— Isso lhe pareceu mais um grande absurdo? Mas é um absurdo! É por isso que do cume da montanha, todos os dias, quando lá chego, aprecio profundamente o vazio. No cume eu sorrio enquanto a pedra desce pela encosta e vai me esperar no sopé. Mas isso não faz de mim um Sísifo feliz.

— Sabe, meu senhor, a vida é, de fato, uma ilusão que fascinou até os mais declarados niilistas. Tentaram transvalorar valores, nem eles aceitaram a recusa dos sentidos. Quiseram até imaginar um Sísifo feliz. Felicidade, meu senhor, assim como o amor, também não existe. Ser feliz é viver em estado ilusório, anestesiado, facilmente manipulável.

— No deserto, subsistimos. No deserto, o homem cria e confia em suas miragens, tudo para seu consolo. Cria vontades, potências, faz da fé e do amor a sua vida. Não creio em miragens. Caminho pelo deserto e sou esse próprio deserto.

— Se "ser livre é abolir os fins", mais do que fins, aboli as causas. Não destruo para reconstruir. Destruo porque bem posso viver sem em nada precisar crer. Já rasguei minha pele nos espinhos e dispensei anestesias. Hoje já nem os sinto.

— Segue a vida, senhor, num porvir inútil. Um dia a dia sem razão, para o qual todos atribuem um sentido e cada qual escolhe sua razão de existir como melhor lhe aprouver: deus, dinheiro, família; o sexo, o amor, as drogas. A cura ou a doença, tanto faz a razão de viver, ou a razão de morrer, quase sempre coincidentes.

— Viver é optar por esse estado medíocre e todas as vidas são medíocres. Sabendo da inutilidade tanto de ser como do ser, terá que inventar todo dia um sentido só para ver o porvir se delongar entre mesmices e insignificâncias, que podem ser engraçadas, raramente bonitas, mas sempre desprovidas de sentido. É tão difícil entender que a vida não tem nenhum sentido?

— Estamos chegando ao cume. O senhor está esbaforido, mas logo poderá soltar sua rocha. A vida, que tanto sentido lhe faz, também lhe torna um homem fatigado. A vida, que nenhum sentido me faz, em nada me fatiga. A vida, que tanto lhe custa, também lhe cansa. A vida, que nada me custa, não me cansa.

— Não me sinto cansado. Não sinto muito. Sinto o nada. Chego ao cume não rendido e me satisfaz Sísifo cínico.

— Talvez o tenha aborrecido, senhor. Não me desculpo. Meu diálogo não é aberto. É fechado em si mesmo, num constante solipsismo dialógico.

— Meu diálogo fecha suas fronteiras num poço de dubiedades coexistentes, muito além de um bem ou de um mal, do yin e do yang, da onda-partícula. Muito além do dual está a existência, que se faz vida jogada num dado, num mero acaso. Existir é só uma questão estatística, de grande má sorte probabilística.

— Mas sabe, senhor, isso faz com que sejamos livres. Dispense o amor e a piedade, esqueça a felicidade, e desça até o sopé da montanha com tranquilidade. Sem razão para existir, está finalmente livre.

— E conforme minha vontade, hoje vou descer desaforado. Talvez desça rolando. Quem sabe, eu seja ainda mais infame e desça dançando.

— Aqui me despeço. Se o incomodei, pois bem, era esse meu intuito. Como um velho bobo da corte, sigo meu caminho observando e lorotas inventando, enquanto não me canso de todos os dias, subir e descer esta montanha.

(Cai o pano)

Fim!